METODOLOGIA DO ENSINO DE LÍNGUA PORTUGUESA

Teoria e Prática

MAGDA MULATI GARDELLI

METODOLOGIA DO ENSINO DE LÍNGUA PORTUGUESA

Teoria e Prática

Freitas Bastos Editora

Direção Editorial: Isaac D. Abulafia
Gerência Editorial: Marisol Soto
Assistente Editorial: Larissa Guimarães
Copidesque: Lara Alves dos Santos Ferreira de Souza
Revisão: Enrico Miranda
Diagramação e Capa: Madalena Araújo

Dados Internacionais de Catalogação na Publicação (CIP)
de acordo com ISBD

G218m	Gardelli, Magda Mulati
	Metodologia do Ensino de Língua portuguesa: Teoria e Prática / Magda Mulati Gardelli. - Rio de Janeiro, RJ : Freitas Bastos, 2023.
	200 p. : 15,5cm x 23cm.
	ISBN: 978-65-5675-624-0
	1. Língua portuguesa. 2. Metodologia de ensino. 3. Teoria e prática. I. Título.
2023-4518	CDD 469 CDU 81

Elaborado por Odilio Hilario Moreira Junior - CRB-8/9949

Índice para catálogo sistemático:
1. Língua portuguesa 469
2. Língua portuguesa 81

Freitas Bastos Editora

atendimento@freitasbastos.com
www.freitasbastos.com

PALAVRAS DA AUTORA

Ao longo da minha caminhada como professora de Língua Portuguesa, seja na licenciatura em Letras, na Pedagogia ou nas formações continuadas de educadores, pude perceber uma lacuna que permeia a formação dos profissionais: a dificuldade real de desenvolver plenamente o ensino da Língua Portuguesa, sobretudo na variedade que exige a norma culta, para aqueles que a têm como língua materna na escola. Ensinar a língua materna na Educação Básica é um desafio que vai muito além do domínio do conteúdo – exige uma base sólida que integra conhecimentos pedagógicos, metodológicos e práticos, sempre voltados ao cultivo das habilidades essenciais: a leitura, a escrita, a oralidade e a interpretação.

A trajetória do ensino da língua percorre diferentes etapas na Educação Básica, cada uma com suas especificidades e desafios. A Educação Infantil, por exemplo, é uma fase fundamental para o desenvolvimento da oralidade e da coordenação motora, alicerces indispensáveis para a alfabetização e o letramento nos anos iniciais. Nessa fase, o trabalho deve se pautar em conhecimentos sobre os sistemas da língua, bem como na construção da consciência fonológica e do sistema alfabético, que serão as ferramentas para o domínio da leitura e da escrita iniciais.

À medida que avançamos para os anos finais e o Ensino Médio, a complexidade cresce e as demandas se aprofundam. Os estudantes já passaram pela fase inicial da alfabetização e precisam consolidar e ampliar suas competências linguísticas e textuais, dominando aspectos avançados da fonologia, morfologia, sintaxe, semântica e pragmática da norma-padrão. Essa etapa é crucial para desenvolver a competência leitora e escritora, imprescindíveis para o pleno exercício da cidadania e para o ingresso em contextos acadêmicos e profissionais.

Este livro nasce da vontade de oferecer um caminho metodológico claro e estruturado para o ensino da língua materna na Educação Básica, propondo que, ao longo da leitura, você possa construir e aplicar estratégias que favoreçam o desenvolvimento efetivo da aprendizagem da língua. Para isso, cada capítulo traz dicas práticas no Saiba Mais e, ao final, um roteiro de perguntas que estimulam a reflexão, a organização de ideias e a criação de esquemas mentais, aliados poderosos no processo de ensino-aprendizagem.

Desejo que esta jornada de estudos o conduza a ensinar cada vez melhor, formando estudantes que sejam verdadeiros "poliglotas" de sua própria língua – capazes de navegar com segurança e sensibilidade pelas diversas variantes do português, comunicando-se com propriedade em múltiplos contextos e situações.

SUMÁRIO

CAPÍTULO 5:

CAPÍTULO 6:

CAPÍTULO 7:

CAPÍTULO 8:

INTRODUÇÃO

Este livro é um convite à conversa sensível e fundamentada sobre as metodologias que podem iluminar o caminho da prática docente no ensino de Língua Portuguesa, especialmente na elaboração de planos de aula significativos para a Educação Básica. Mas, antes de traçarmos caminhos possíveis, é preciso compreender o que, de fato, são as metodologias de ensino — suas raízes, propósitos e as formas mais recorrentes com que se manifestam no cenário educacional brasileiro. É conhecendo essas trilhas que o educador poderá escolher, com consciência e criatividade, os passos mais potentes para conduzir seus alunos no aprendizado da linguagem.

O que são metodologias de ensino?

As metodologias de ensino são o conjunto de estratégias, técnicas e abordagens utilizadas pelos professores para facilitar o processo de aprendizado e alcançar os objetivos educacionais. Elas definem como o conteúdo será apresentado, como os alunos irão interagir com o conhecimento e de que forma a avaliação será conduzida. As metodologias variam de acordo com os contextos, os perfis dos estudantes, os objetivos pedagógicos e as teorias educacionais que as fundamentam. Em essência, elas são a ponte entre o conteúdo a ser ensinado e a construção do conhecimento pelos alunos.

Existem diferentes **tipos de metodologias de ensino,** que podem ser classificadas em **tradicionais** e **inovadoras.** As metodologias tradicionais, como o ensino expositivo, baseiam-se na transmissão direta do conhecimento pelo professor, com foco no conteúdo e na memorização. As metodologias inovadoras, como a aprendizagem a partir da resolução de problemas, a aprendizagem baseada em projetos ou a gamificação, entre outras, promovem maior protagonismo do aluno, estimulando a interação, a autonomia e o aprendizado colaborativo. A escolha da metodologia deve considerar os objetivos da aula, os conteúdos, o perfil da turma e o contexto em que o ensino ocorre, garantindo que ela seja eficaz e significativa para os estudantes.

Além disso, as metodologias de ensino não são estáticas e podem ser adaptadas conforme as necessidades do grupo. Um professor pode combinar diferentes abordagens, utilizando, por exemplo, metodologias ativas para estimular a participação dos alunos em discussões, enquanto aplica estratégias tradicionais para introduzir conceitos mais complexos.

Essa flexibilidade permite que o processo de ensino seja dinâmico, atendendo às demandas de uma educação cada vez mais diversa e conectada com o mundo contemporâneo. Assim, as metodologias de ensino desempenham um papel central na promoção de uma aprendizagem eficaz, relevante e transformadora.

Quais são as principais metodologias de ensino?

Os tipos de metodologias de ensino podem ser classificados de acordo com suas abordagens e objetivos, variando entre métodos tradicionais e inovadores. Abaixo, estão os principais tipos de metodologias de ensino:

a. **Metodologias tradicionais** – A metodologia tradicional de ensino é um modelo pedagógico **centrado no professor como principal transmissor de conhecimento e nos alunos como receptores passivos.** Nesse método, o ensino é geralmente **expositivo**, com o professor apresentando conteúdos

de forma estruturada e sequencial, enquanto os alunos reproduzem a informação. O foco está na transmissão de conteúdos teóricos, muitas vezes priorizando a memorização e a aplicação de regras ou fórmulas.
Limitações – Embora eficaz em determinados contextos, essa abordagem tende a ser menos interativa e pode desconsiderar as individualidades dos alunos, limitando o desenvolvimento de habilidades críticas, criativas e colaborativas. A resolução de exercícios é baseada em teoria previamente explicada.

b. **Metodologias ativas** – As metodologias ativas são abordagens de ensino que colocam o **aluno no centro do processo de aprendizagem**, promovendo sua **participação ativa na construção do conhecimento**. Diferentemente dos métodos tradicionais, essas metodologias incentivam o **protagonismo dos estudantes**, estimulando habilidades como pensamento crítico, autonomia e colaboração. Exemplos incluem a aprendizagem baseada em projetos, a sala de aula invertida e a gamificação, que buscam envolver os alunos por meio de resolução de problemas, atividades práticas e interações dinâmicas. Nessas metodologias, o professor atua como mediador ou facilitador, guiando os alunos enquanto eles exploram, discutem e aplicam o conhecimento em contextos reais ou significativos.
Limitações – Embora as metodologias ativas tragam muitos benefícios, elas também apresentam algumas limitações. Uma das principais é a necessidade de maior tempo para planejamento e execução, o que pode ser desafiador para professores com carga horária elevada ou turmas grandes. Além disso, sua

eficácia depende de um nível mínimo de engajamento e autonomia dos alunos, o que pode ser difícil de alcançar em contextos em que os estudantes não estão habituados a assumir um papel ativo no aprendizado. Outro desafio é a infraestrutura necessária, como acesso a tecnologias ou espaços adequados, que nem todas as escolas possuem. Professores também precisam de formação específica para aplicar essas metodologias de forma eficaz, e a transição do modelo tradicional para o ativo pode enfrentar resistência tanto de educadores quanto de alunos.

c. **Metodologias experienciais** – As metodologias experienciais são abordagens de ensino que priorizam o **aprendizado por meio da vivência direta e prática** dos alunos, estimulando-os a aprender a partir de suas próprias experiências e descobertas. Ao invés de focar apenas na teoria, essas metodologias buscam envolver os estudantes em atividades que os desafiem a refletir, questionar e aplicar o conhecimento de maneira contextualizada. Exemplos incluem a aprendizagem por descoberta, em que os alunos investigam e exploram conceitos de forma autônoma, e a educação "mão na massa", como o movimento *maker*, que envolve a criação e a experimentação prática. Essas metodologias incentivam a construção de conhecimento de forma ativa e reflexiva, promovendo habilidades como criatividade, resolução de problemas e pensamento crítico.
Limitações – As metodologias experienciais podem apresentar limitações como a demanda por recursos materiais e tempo para execução das atividades práticas, o que pode ser um desafio em escolas com infraestrutura limitada. Além disso, nem todos os alunos se adaptam facilmente a esse tipo

de abordagem, especialmente aqueles que preferem uma estrutura mais tradicional e dirigida. A avaliação também pode ser mais difícil de implementar, já que ela exige métodos que considerem processos e não apenas resultados objetivos.

d. **Metodologias culturais e sociais** – As metodologias sociais de ensino são abordagens que enfatizam **a interação social, a colaboração e a construção coletiva do conhecimento no ambiente escolar.** Elas focam no desenvolvimento de habilidades sociais, emocionais e culturais dos alunos, promovendo um aprendizado que ultrapassa os conteúdos acadêmicos e busca preparar os estudantes para atuarem de forma crítica e responsável na sociedade. Exemplos dessas metodologias incluem a pedagogia freiriana, que valoriza o diálogo e a reflexão crítica sobre a realidade social, e a educação popular, que busca integrar o conhecimento formal e informal a partir das experiências de vida dos alunos, a pedagogia de projetos, que envolve atividades voltadas para temas ou problemas que conectam o conteúdo escolar à vida prática dos alunos. Essas abordagens incentivam o trabalho em grupo, o respeito às diferenças e a participação ativa dos estudantes no processo educacional.
Limitações – Embora seja uma metodologia que pretende a inclusão, ela possui desafios quando, no Brasil, os currículos são mais universais e a maioria das escolas públicas utilizam materiais homogêneos para as turmas.

Essas metodologias podem ser aplicadas isoladamente ou combinadas, dependendo do contexto educacional, do perfil dos alunos e dos objetivos pedagógicos. A diversidade de metodologias possibilita maior flexibilidade e eficácia no ensino, atendendo às demandas de uma educação contemporânea e inclusiva.

A partir disso, convidamos o leitor a percorrer uma jornada de descobertas sobre o ensino da Língua Portuguesa, partindo de uma base essencial: as contribuições da Psicologia da Aprendizagem para compreender como construímos o conhecimento Em seguida, mergulhamos nos fundamentos do trabalho com a língua e nas diretrizes da Base Nacional Comum Curricular, destacando as orientações específicas para o componente curricular de Língua Portuguesa.

A partir desse alicerce teórico, avançamos para as metodologias que dão vida às práticas pedagógicas: exploramos estratégias voltadas à oralidade, à leitura, à produção de textos e à análise linguística, sempre buscando integrar teoria e prática de maneira coerente e significativa. Dedicamos um capítulo especial ao tema da avaliação, reconhecendo seu papel central no processo de aprendizagem da língua. Mais do que um instrumento de mensuração, a avaliação é aqui concebida como espaço de reflexão, de autoavaliação e de crescimento — tanto para o aluno quanto para o professor.

Encerramos com um capítulo prático, onde apresentamos sugestões metodológicas e propostas de planos de aula, com o objetivo de inspirar e apoiar o planejamento docente. Nossa esperança é que este livro possa servir como uma ferramenta de apoio ao professor de Língua Portuguesa, oferecendo subsídios concretos para enriquecer suas aulas e contribuir para a formação de estudantes críticos, capazes de interpretar o mundo, posicionar-se com clareza e comunicar-se com eficácia em diferentes contextos sociais.

Esperamos que, ao fim desta caminhada de leitura e estudos, as metodologias aqui entrelaçadas inspirem práticas de ensino que despertem, em cada estudante, a arte de habitar com fluência as muitas moradas da Língua Portuguesa. Que sejam, assim, capazes de transitar entre registros, sotaques e sentidos, com liberdade, consciência e beleza, fazendo da palavra um instrumento de expressão plena e cidadania.

CAPÍTULO 1:

TEORIAS DE APRENDIZAGEM E A LINGUÍSTICA: O BEHAVIORISMO, O COGNITIVISMO E A NEUROCIÊNCIA COGNITIVA

Para iniciarmos nossa conversa, precisamos entender por que estamos estudando as teorias de aprendizagem em um livro de metodologias de aprendizagem.

A psicologia da aprendizagem contribui significativamente para o ensino, porque oferece fundamentos teóricos e práticos que auxiliam a compreensão sobre como os alunos aprendem e dessa forma auxilia os professores a desenvolverem estratégias pedagógicas mais eficazes. Além disso, a integração entre os conhecimentos da psicologia e as práticas pedagógicas no ensino permite que não sejam apenas ensinados os conteúdos, mas que também promova o desenvolvimento integral dos alunos.

Por tais razões, vamos estudar um pouco sobre algumas teorias da aprendizagem e para entender a relação entre elas e as metodologias utilizadas no Brasil.

1.1 Behaviorismo

O Behaviorismo (do inglês – comportamento) é uma abordagem psicológica centrada no **estudo do comportamento humano** e em como ele é influenciado por **estímulos e reforços** do ambiente. Isto é: o estudo foi realizado na observação das respostas por meio de comportamentos a estímulos.

Essa teoria, desenvolvida por autores como John B. Watson e B. F. Skinner (década de 1940), enfatiza que a aprendizagem ocorre por meio da interação do indivíduo com o ambiente e é mensurável por meio das mudanças observáveis no comportamento. A abordagem se divide em Behaviorismo metodológico e Behaviorismo Radical.

Quando falamos sobre **behaviorismo metodológico** e **behaviorismo radical**, estamos nos referindo a **duas abordagens diferentes** dentro da teoria behaviorista, com distintas posturas sobre como entender e estudar o comportamento. Ambas têm em comum a ênfase no comportamento observável e a rejeição ao estudo de processos mentais internos não observáveis, mas elas se distinguem em relação à extensão de suas explicações sobre o comportamento.

Enquanto no **behaviorismo metodológico**, proposto por John B. Watson, o estudo psicológico é restrito ao comportamento observável, excluindo eventos internos, como pensamentos e emoções, por considerá-los inacessíveis à observação científica, no **behaviorismo radical**, desenvolvido por B. F. Skinner, a visão é mais abrangente na observação do comportamento. Skinner afirmava que pensamentos e sentimentos são comportamentos privados que seguem as mesmas leis do comportamento público, podendo ser analisados dentro de uma abordagem científica. Watson reduzia a psicologia ao estudo do comportamento observável e rejeitava qualquer menção a estados internos, enquanto Skinner expandiu o behaviorismo ao incluir eventos privados e focar no condicionamento operante como princípio central da aprendizagem e modificação do comportamento.

Inicialmente, os estudos de Skinner foram realizados com animais. Um dos seus estudos mais famosos com animais no campo do **behaviorismo** foi o experimento com **pombos na caixa de Skinner**.

O pesquisador desenvolveu um dispositivo chamado **Caixa de Skinner**, que possui uma câmara experimental projetada para estudar o comportamento operante. Ele colocou **pombos** dentro dessa caixa e aplicou **reforços** (como comida) para modelar seu comportamento. O pombo era colocado dentro da caixa, que continha um **botão ou alavanca** e um **dispenser de comida** e sempre que o pombo realizava uma ação específica, como bicar um botão, ele recebia uma **recompensa alimentar**. Com o tempo, o pombo aprendeu a repetir esse comportamento para ganhar comida. Esse foi um dos experimentos de Skinner que demonstrou o conceito de **condicionamento operante**, no qual o comportamento é moldado pelas consequências. Quando uma ação é seguida de um **reforço positivo** (como comida), a probabilidade de o comportamento ocorrer novamente **aumenta**. Esse estudo foi fundamental para o behaviorismo, pois mostrou como comportamentos podem ser **ensinados e modificados** por meio do reforço, sendo aplicáveis a diversos contextos, como na educação e no treinamento de animais.

No campo educacional, o Behaviorismo destaca o papel do reforço, da repetição e da prática como ferramentas fundamentais para a aquisição de novos conhecimentos e habilidades.

Os princípios centrais do Behaviorismo são baseados em **estímulo e resposta** (*Stimulus-Responsio* – latim), porque para essa teoria todo comportamento é uma resposta a um estímulo do ambiente. A partir desse princípio, tem-se o **reforço** por meio de **recompensas** que podem aumentar a probabilidade do comportamento se repetir. A recompensa gera o **condicionamento operante** que ocorre quando a aprendizagem gera a associação entre um comportamento e suas consequências. Por fim, tem-se o princípio da repetição e prática como uma ação contínua que leva à fixação do aprendizado.

Não se trata aqui de apenas enfatizar tais papéis, mas de apontar as **características que o behaviorismo trouxe para as metodologias de ensino**. Inclusive, durante a Segunda Guerra Mundial, B. F. Skinner desenvolveu estudos sobre aprendizagem de idiomas com base nos princípios do behaviorismo, especialmente no uso de reforço operante. Esses estudos foram conduzidos em um contexto prático: a necessidade de treinar rapidamente operadores de rádio e soldados norte-americanos para compreender códigos, comandos e línguas estrangeiras usados em cenários de guerra.

Skinner aplicou seus conceitos ao desenvolvimento de dispositivos mecânicos de ensino, como a **máquina de ensino**. Esses dispositivos apresentavam informações em pequenas unidades sequenciais e exigiam que os aprendizes respondessem a perguntas ou completassem tarefas antes de prosseguir. A máquina dava reforço imediato ao aprendiz por respostas corretas, promovendo a aprendizagem de maneira eficiente e sistemática. Esse método refletia o conceito de **modelagem do comportamento**, cujas respostas eram gradualmente moldadas até alcançar a competência desejada. Essa abordagem era inovadora porque tratava a aprendizagem de idiomas como um processo comportamental baseado na interação entre estímulos (exposição ao idioma) e respostas (comunicação efetiva).

Embora os métodos behavioristas tenham sido criticados posteriormente por não abordar aspectos cognitivos mais complexos da linguagem, essas técnicas mostraram-se úteis na época para o treinamento rápido e prático, especialmente em contextos de alta pressão, como o cenário militar.

Importante destacar que o conhecimento da abordagem behaviorista é necessário quando estamos tratando de ensinar, visto que já está provado por vários outros estudos que a prática constante gera aprendizado também. É a prática constante da leitura e da escrita que auxiliarão os estudantes a se tornarem competentes para se comunicar nos mais variados contextos. A ideia de Skinner quando oferece a possibilidade de recompensa pelo reforço e repetição é uma prática utilizada em salas de aula, mesmo que sem a consciência da relação com o behaviorismo.

Vejamos alguns exemplos de práticas pedagógicas que se baseiam nas recompensas.

A aplicação da teoria behaviorista no ensino de Língua Portuguesa foca no reforço de comportamentos desejados, utilizando estímulos e respostas para promover a aprendizagem de habilidades específicas.

Aqui estão alguns exemplos práticos que são utilizados como estratégias na sala de aula. Essas atividades enfatizam **o reforço positivo, a prática e a repetição e a correção imediata.**

a. Exercícios repetitivos e de reforço imediato:

Atividade: os alunos recebem uma lista de orações em que se deve analisar o uso da vírgula. Após cada resposta, o professor oferece *feedback* imediato, destacando acertos com elogios ou reforço positivo (exemplo: "Muito bem! Você acertou!) e corrigindo, gentilmente, os erros com instruções claras (exemplo: "Aqui, não há a necessidade do uso da vírgula, porque liga ideias que se completam – sujeito do verbo").

Objetivo: fortalecer associações corretas entre regras gramaticais e sua aplicação, promovendo a memorização e o uso correto da norma culta em textos escritos.

b. Recompensa por produção de texto:

Atividade: ensinar a escrita por meio de etapas, como *brainstorming*, elaboração de rascunho e revisão. A cada etapa concluída com sucesso, o aluno recebe reforço positivo. Além disso, após a produção textual como uma notícia, por exemplo, o professor estabelece critérios bem específicos relacionados às regras da gramática da norma culta, como o uso da pontuação, ortografia, concordância verbal e nominal que foram trabalhadas na escrita gradual, para serem avaliados. Os alunos que atenderem aos critérios podem ter sua notícia publicada no jornal da sala de aula como forma de recompensa.

Objetivo: estimular a prática de escrita com atenção às regras e aos objetivos, moldando o comportamento ao longo do tempo.

a. Leitura em voz alta com *feedback*:

Atividade: os alunos leem em voz alta para a turma e o professor oferece reforço positivo para boa fluência, pronúncia ou entonação adequada (exemplo: "Ótimo trabalho ao fazer a pausa correta na vírgula!"). Erros são corrigidos, gentilmente, com novas oportunidades para o aluno repetir a leitura.

Objetivo: melhorar a fluência e a compreensão da leitura, reforçando práticas corretas.

b. Jogos de reforço de regras gramaticais:

Atividade: o professor organiza um jogo no qual os alunos precisam identificar erros em frases ou completar lacunas com palavras corretas. Quem acertar ganha pontos, que podem ser trocados por pequenas recompensas simbólicas, como adesivos ou certificados. Os jogos de *quiz* são bons exemplos dessa estratégia.

Objetivo: criar um ambiente de aprendizagem motivador, utilizando o reforço para fixar regras gramaticais ou ortográficas.

Esses exemplos mostram como a abordagem behaviorista pode ser eficaz em desenvolver habilidades específicas e mensuráveis em Língua Portuguesa.

A relação do **behaviorismo de Skinner** com a aprendizagem da Língua Portuguesa está na aplicação dos princípios do **condicionamento operante**, que enfatiza o reforço positivo e a prática contínua como meios para moldar e fortalecer comportamentos desejáveis. No ensino da língua, isso se traduz em atividades que reforçam respostas corretas, como o uso adequado da gramática, a leitura fluente e a escrita coerente. O ensino pode ser estruturado de forma sequencial, apresentando conteúdos em pequenas etapas, como ensinar primeiro o reconhecimento de palavras para depois avançar para a construção de frases.

A abordagem behaviorista também valoriza o ***feedback* imediato**, que é essencial no ensino da Língua Portuguesa para corrigir erros e fortalecer a aprendizagem. Durante uma atividade de leitura em voz alta ou de produção textual, o professor pode corrigir imediatamente a pronúncia ou a estrutura da frase, ajudando o aluno a ajustar seu comportamento linguístico. Tecnologias educacionais, como jogos e plataformas digitais, também seguem os princípios de Skinner ao oferecer reforços automáticos para respostas corretas, tornando o processo de aprendizagem mais dinâmico.

Todavia, como em toda abordagem da psicologia da aprendizagem, o behaviorismo apresenta limitações.

1.1.1 Limitações do Behaviorismo na Educação

Embora o Behaviorismo ofereça estratégias úteis para ensinar habilidades básicas e mecânicas, ele tem limitações quando coloca o foco na memorização, devido à ênfase dada na repetição e reforço. Tal fato, pode negligenciar a criatividade e a reflexão crítica, essenciais para a análise e interpretação de textos literários ou argumentativos. Além disso, como vimos, a abordagem desconsidera alguns aspectos essenciais para a aprendizagem como a motivação intrínseca (não apenas pela mecanicidade do aprender), a compreensão de sentidos e o papel das emoções no aprendizado.

Para superar estas limitações, práticas behavioristas podem ser combinadas com outras abordagens, como as desenvolvidas a partir dos estudos da cognição humana como o construtivismo e o socioconstrutivismo, que priorizam a construção ativa do conhecimento e a interação social.

A aplicação do Behaviorismo no ensino da Língua Portuguesa é eficaz para habilidades que exigem prática e sistematização, como alfabetização, leitura fluente e gramática. No entanto, seu uso deve ser equilibrado com métodos que valorizem a criatividade, a análise crítica e a expressão pessoal dos alunos.

1.2 Cognitivismo

O **Cognitivismo** surgiu como uma reação ao Behaviorismo, que dominava a psicologia no início do século XX. Enquanto o Behaviorismo se concentrava no comportamento observável e nas relações entre estímulos e respostas, o **Cognitivismo trouxe o foco para os processos mentais internos, como percepção, memória, linguagem, resolução de problemas e pensamento.** Esse movimento emergiu nas décadas de 1950 e 1960, conhecido como a **Revolução Cognitiva**, em um contexto de avanços tecnológicos, como o desenvolvimento dos primeiros computadores, que serviram como metáforas para a mente humana.

Essa corrente começou a ganhar força quando pesquisadores perceberam que o comportamento humano não podia ser totalmente explicado apenas com base em estímulos e respostas. Estudos sobre a memória, a linguagem e a resolução de problemas demonstraram que os processos internos desempenhavam um papel fundamental na aprendizagem e no comportamento. Esse movimento foi impulsionado por colaborações interdisciplinares entre psicólogos, linguistas, neurocientistas e cientistas da computação.

Piaget (década de 1920) foi um dos primeiros a **explorar a construção do conhecimento pelas crianças**. Ele argumentava que o aprendizado ocorre por meio de **assimilação** e **acomodação**, processos que permitem a construção de **esquemas mentais**. Sua teoria do desenvolvimento cognitivo foi uma base importante para a compreensão de como os indivíduos processam e organizam informações.

Embora o trabalho de Lev Vygotsky (décadas de 1920 e início de 1930) esteja mais associado à teoria sociocultural, ele contribuiu significativamente para o Cognitivismo ao enfatizar o papel da **linguagem e da interação social no desenvolvimento cognitivo**. Ele introduziu conceitos como a **Zona de Desenvolvimento Proximal (ZDP)** e a **mediação cultural**.

Já Noam Chomsky (final da década de 1950) **foi um dos primeiros a criticar o Behaviorismo em relação a aquisição da linguagem**, quando mostrou que a linguagem não poderia ser explicada apenas por condicionamento. Ele introduziu a ideia de uma **gramática universal**, argumentando que os seres humanos têm uma capacidade inata para adquirir a linguagem. Seu trabalho foi crucial para a revolução cognitiva.

Jerome Bruner (década de 1960) desenvolveu a ideia de que a aprendizagem é mais eficaz quando os **alunos descobrem conceitos por conta própria**, com suporte temporário do professor (andaimes). Ele também destacou os **modos de representação do conhecimento** (enativo, icônico e simbólico) e defendeu o uso de um currículo espiral no ensino.

David Ausubel (final da década de 1960) destacou a importância do **conhecimento prévio** na aprendizagem e introduziu a ideia de **organizadores prévios**, ferramentas usadas para facilitar a conexão entre novos conceitos e aquilo que os alunos já sabem. Ele se concentrou na **aprendizagem significativa**, em oposição à aprendizagem mecânica.

O Cognitivismo transformou o entendimento da educação ao enfatizar o **papel ativo do aluno no processo de aprendizagem**.

Os princípios do Cognitivismo na Educação são:

a. **aprendizagem ativa:** os alunos são agentes ativos na construção de seu conhecimento. Eles organizam, integram e relacionam novas informações às experiências e conhecimentos prévios;

b. **estrutura cognitiva:** a aprendizagem depende da forma como o conhecimento é estruturado no cérebro, com informações organizadas em esquemas (conjuntos de conhecimentos interligados);

c. **importância do conhecimento prévio:** novos aprendizados são mais eficazes quando se baseiam em informações já conhecidas;

d. **processos mentais (esquemas):** o foco está em habilidades como compreensão, análise, síntese e aplicação;

e. **aprendizagem significativa:** o aprendizado é mais duradouro e profundo quando o aluno entende os conceitos e os relaciona a contextos reais, em vez de apenas memorizá-los.

A relação entre o Cognitivismo e a Educação revolucionou a forma de ensinar, alterando desde o papel do professor até as formas de avaliação.

O **professor** passa a ser um facilitador da aprendizagem, que orienta os alunos a descobrirem e construírem seu próprio conhecimento. O **ensino** deve ser estruturado para levar os alunos a compreenderem os conceitos e não apenas a repetirem informações. As **estratégias de ensino** partem dos pressupostos de organizadores prévios como forma de recompor aprendizagem, aprendizagem por descoberta, por meio da solução de problemas e atividades reflexivas para estimular o pensamento crítico e a metacognição. A **avaliação** passa a ser mais formativa e auto avaliativa, incentivando reflexões sobre erros e acertos para melhorar o aprendizado.

A abordagem cognitivista no ensino de Língua Portuguesa valoriza os processos mentais, a construção ativa do conhecimento e o papel do contexto e do conhecimento prévio na aprendizagem.

Vejamos alguns exemplos de práticas pedagógicas que se baseiam no cognitivismo.

a. **Ativação de conhecimentos prévios –** Antes de iniciar uma leitura ou estudar um novo gênero textual, o professor promove uma conversa ou utiliza recursos visuais, como vídeos ou imagens, para ativar o conhecimento prévio dos alunos.
b. **Organização de informações com mapas mentais –** Após estudar um tema, como tipos de narrador, os alunos criam mapas mentais que organizam visualmente os conceitos aprendidos.
c. **Resolução de problemas e descoberta guiada –** Os alunos exploram regras gramaticais ou ortográficas por meio de atividades investigativas, descobrindo padrões em vez de apenas memorizarem.
d. **Mediação e construção social do conhecimento –** O professor promove atividades colaborativas em que os alunos discutem e resolvem questões em grupo. O professor orienta as discussões, mediando quando necessário e promovendo interações que ampliem as interpretações.

e. **Uso de organizadores prévios** – O professor apresenta resumos, esquemas ou questões introdutórias antes de iniciar um conteúdo mais complexo.
f. **Produção de textos contextualizada** – Os alunos são incentivados a produzir textos que se conectem às suas experiências pessoais, ajudando na construção ativa do aprendizado.
g. **Leitura orientada e reflexiva** – Durante a leitura de textos literários ou informativos, o professor faz pausas para propor perguntas que estimulam a reflexão e a interpretação.
h. **Estratégias metacognitivas (Autoavaliação e Reflexão)** – Ensinar os alunos a monitorarem e refletir sobre seu próprio aprendizado, desenvolvendo autonomia, por exemplo, após escreverem uma redação, os alunos revisam o texto com base em uma lista de critérios fornecida pelo professor e anotam o que poderiam melhorar, estimulando a reflexão sobre o próprio desempenho.
i. **Sequência didática baseada em progressão cognitiva** – Dividir o ensino de um conteúdo em etapas graduais, respeitando o nível de desenvolvimento dos alunos.
j. **Comparação de gêneros textuais** – Pedir aos alunos que comparem diferentes gêneros textuais para identificar padrões e diferenças, promovendo a organização do conhecimento.

1.2.1 Limitações do Cognitivismo na Educação

O Cognitivismo trouxe grandes avanços para a educação ao enfatizar os processos mentais que influenciam a aprendizagem, como a atenção, a memória, o raciocínio e a construção ativa do conhecimento. No entanto, como toda abordagem, ele apresenta algumas limitações.

As escolas possuem turmas heterogêneas e salas numerosas e isso pode ser um grande desafio ao implementar estratégias que se apoiam na abordagem cognitivista, uma vez que elas consideram os processos internos e personalizados de todos os alunos.

Além disso, ensinar por meio da abordagem cognitivista exige maior formação e preparo do professor para planejar aulas que promovam o aprendizado significativo e ativo, pois o cognitivismo oferece uma abordagem que vai além da simples transmissão de informações, enfatizando o entendimento, a reflexão e a construção ativa do conhecimento. Integrar suas ideias à prática educativa prepara os alunos para serem pensadores críticos e aprendizes autônomos.

As abordagens do **Cognitivismo** e da ciência **neurocognitiva** compartilham a ênfase nos processos mentais, mas têm diferenças importantes no foco e nas ferramentas que utilizam. No próximo tópico veremos a ciência neurocognitiva.

1.3 A neurociência cognitiva

A neurociência cognitiva é uma abordagem que integra os conhecimentos da neurociência, da psicologia cognitiva e da educação para compreender como o cérebro processa, armazena e utiliza informações durante a aprendizagem. Ela busca entender os mecanismos biológicos e cognitivos que sustentam habilidades como atenção, memória, linguagem, resolução de problemas e tomada de decisão, com o objetivo de aprimorar práticas pedagógicas.

Por um lado, o **Cognitivismo** é uma abordagem teórica que estuda os processos mentais internos envolvidos na aprendizagem, como atenção, memória, raciocínio e resolução de problemas. Ele se concentra em como as informações são processadas, armazenadas e utilizadas pelos indivíduos. Baseia-se em modelos teóricos e experimentos psicológicos para entender o funcionamento da mente humana, mas geralmente não aprofunda os aspectos biológicos ou neuronais que sustentam esses processos.

Por outro lado, a **neurociência cognitiva** vai além do estudo teórico dos processos mentais e foca nos aspectos biológicos e neurológicos que sustentam esses processos. Ela combina princípios do cognitivismo com descobertas das neurociências, investigando como estruturas e funções cerebrais, como os neurônios, sinapses e áreas específicas do cérebro, influenciam a aprendizagem e o comportamento.

Essa ciência busca compreender, por exemplo, como a memória de curto e longo prazo opera no nível cerebral ou como emoções e funções executivas estão ligadas ao aprendizado. Essa abordagem é interdisciplinar, envolvendo psicólogos, neurocientistas e educadores, e utiliza tecnologias avançadas, como ressonâncias magnéticas, para estudar o cérebro em ação. Assim, enquanto o cognitivismo é mais abstrato e teórico, a neurociência cognitivista oferece uma perspectiva mais biológica e prática dos mecanismos de aprendizagem.

No contexto educacional, a neurociência destaca a importância de conhecer os processos cerebrais para adaptar o ensino às capacidades e limitações naturais do cérebro em desenvolvimento.

Princípios da neurociência cognitiva na Educação:

a. **plasticidade cerebral:** o cérebro é moldável e pode desenvolver novas conexões neurais com a prática e a experiência, o que implica que a aprendizagem é um processo contínuo e dinâmico.

b. **importância das emoções:** emoções afetam significativamente a aprendizagem. Experiências positivas melhoram a retenção, enquanto estresse e ansiedade podem inibir o aprendizado.

c. **atenção e memória:** a atenção é a porta de entrada para a aprendizagem, e a memória de trabalho tem capacidade limitada, exigindo estratégias que facilitem o armazenamento de informações na memória de longo prazo.

d. **aprendizagem multissensorial:** a aprendizagem é mais eficaz quando envolve múltiplos sentidos, como visão, audição e movimento, promovendo a integração de informações em diferentes áreas do cérebro.

Vários estudos foram desenvolvidos em relação à alfabetização e à neurociência. Destacamos neste trabalho o estudo de Stanislas Dehaene, quando traz elucidações sobre como a ciência explica a nossa capacidade de ler[1].

A aplicação dos estudos da neurociência no ensino da Língua Portuguesa pode ser evidenciada nas situações de alfabetização.

a. Consciência fonológica – O ensino da leitura e escrita pode ser estruturado com base no funcionamento do cérebro durante a alfabetização. Exemplos:

- usar atividades que associem sons (consciência fonológica) às representações visuais (letras);
- realizar atividades lúdicas que envolvam a identificação de rimas, sons iniciais e finais, segmentação de palavras e manipulação fonêmica;

1 DEHAENE, S. **Os Neurônios da Leitura:** Como a ciência explica a nossa capacidade de ler. São Paulo: Penso: 2012.

- realizar jogos como formar palavras com sons ou substituir fonemas em palavras podem ser usados;
- pedir que os alunos identifiquem palavras que começam com um som específico e depois associem essas palavras às letras correspondentes em atividades lúdicas.

b. O uso da multissensorialidade – A área da forma visual das palavras se beneficia de estímulos consistentes e bem estruturados, por isso é importante envolver diferentes sentidos no aprendizado da língua pode reforçar as conexões neurais. Exemplos:

- utilizar cartazes, quadros de palavras, mapas conceituais e textos com ilustrações para apoiar a leitura, garantindo que o material seja claro, legível e sem sobrecarga visual.

c. Na prática repetitiva e exposição à leitura – A fluência leitora requer repetição para criar automatismos neurais na área da forma visual das palavras. Exemplos:

- incentivar a leitura diária com textos adequados ao nível do aluno;
- realizar leituras compartilhadas, leitura em voz alta e leitura guiada para ajudar os alunos a praticarem a decodificação e fluência.

1.3.1 Limitações da neurociência cognitiva na Educação

A neurociência, embora tenha contribuído significativamente para a compreensão dos processos de aprendizado, enfrenta limitações importantes quando aplicada à educação. Uma de suas principais restrições está na dificuldade de traduzir descobertas laboratoriais para o ambiente escolar, que é complexo e influenciado por fatores sociais, emocionais e culturais. Além disso, muitos professores não possuem formação específica para interpretar ou aplicar essas descobertas, o que pode levar ao surgimento de "neuromitos" – ideias equivocadas, como a crença em estilos de aprendizagem fixos (visual, auditivo, cinestésico), que nem sempre são respaldadas por evidências científicas.

Outra limitação relevante é o foco da neurociência no funcionamento biológico do cérebro, que não abrange plenamente os aspectos mais amplos do aprendizado, como a influência do contexto social, da motivação e das dinâmicas culturais. A educação é um processo multifacetado, e soluções baseadas exclusivamente na neurociência podem ser insuficientes para atender à diversidade dos alunos e suas necessidades individuais. Além disso, tecnologias neurocientíficas, como ressonâncias magnéticas e eletroencefalogramas, são caras e muitas vezes inacessíveis para a maioria das escolas, o que restringe ainda mais sua aplicação prática. Assim, a neurociência, apesar de oferecer *insights* valiosos, precisa ser complementada por outras disciplinas e abordagens para promover um impacto significativo na educação.

A neurociência cognitiva fortalece a prática pedagógica ao unir ciência e educação, promovendo um aprendizado mais eficaz e centrado nas capacidades naturais do cérebro humano. Na Língua Portuguesa, ele oferece ferramentas valiosas para trabalhar a leitura, a escrita e a interpretação de forma significativa e engajante.

Por fim, a psicologia da aprendizagem estuda os processos pelos quais os indivíduos adquirem, armazenam e aplicam conhecimentos, habilidades, atitudes e valores. Ela investiga como fatores cognitivos, emocionais, sociais e ambientais influenciam a aprendizagem, abrangendo diferentes teorias, como o behaviorismo, o cognitivismo e o construtivismo. Essas abordagens ajudam a entender como o cérebro processa informações, como a motivação afeta o desempenho e quais estratégias podem melhorar a retenção e a aplicação do conhecimento. Essa ciência fornece subsídios para criar métodos de ensino mais eficazes, considerando as características individuais dos alunos e o desenvolvimento de suas capacidades.

No ensino de Língua Portuguesa, a psicologia da aprendizagem é crucial para planejar práticas pedagógicas que respeitem as diferentes formas como os alunos aprendem. Por exemplo, o conhecimento sobre desenvolvimento cognitivo pode orientar a alfabetização, promovendo atividades que estimulem a consciência fonológica e a associação entre som e grafia. Além disso, estratégias baseadas na psicologia ajudam a engajar os alunos na leitura, escrita e interpretação textual, considerando suas necessidades emocionais e sociais. Dessa forma, a psicologia da aprendizagem possibilita um ensino mais inclusivo e personalizado, contribuindo para a formação de indivíduos capazes de utilizar a língua de forma crítica e criativa.

No próximo capítulo veremos alguns conceitos importantes para compreender as metodologias do ensino de Língua Portuguesa como língua materna na Educação Básica.

1.4 Vamos refletir sobre o que estudou?

A partir dessas questões, elabore um mapa mental.

1. Qual é o principal ponto de convergência entre os temas tratados neste capítulo?
2. Quais foram as abordagens da psicologia apresentadas?

CAPÍTULO 2:

CONCEPÇÕES DE LINGUAGEM E LÍNGUA, ALFABETIZAÇÃO, LETRAMENTO E GÊNERO TEXTUAL

Aprender sobre concepções de linguagem e língua, alfabetização, letramento, e gênero textual é fundamental para quem deseja ensinar Língua Portuguesa na Educação Básica. Isso porque essas bases teóricas e práticas sustentam a compreensão de estratégias no sentido de um ensino mais significativo, contextualizado e alinhado às necessidades dos alunos. Por isso, neste capítulo vamos estudar alguns pontos destes tópicos. Começaremos por entender o que é a linguagem.

2.1 O que é a linguagem

A linguagem é um **sistema de comunicação utilizado para expressar ideias, pensamentos, emoções e informações** e **uma ferramenta fundamental para a construção do pensamento.** Ela pode ser verbal, palavras faladas ou escritas, ou não verbal, envolve gestos, símbolos, imagens e outros meios que permitem a transmissão de significados. Também pode ser artística, musical, matemática etc. Cada tipo de linguagem tem sua função e aplicação dependendo do contexto e do público-alvo.

A forma como pensamos e percebemos o mundo está fortemente ligada à maneira como nos expressamos. Em termos gerais, ela envolve símbolos, seja uma palavra, um gesto ou uma imagem, que têm significados compartilhados por uma comunidade. O filósofo Ludwig Wittgenstein (1999) disse que os limites da minha linguagem significam os limites do meu mundo.

> O pensamento não se expressa numa "linguagem" apenas hipoteticamente possível, mas numa linguagem cujas palavras são realmente usadas no jogo de linguagem da vida. (Wittgenstein, 1999, p. 143).

Ou seja, a linguagem molda a nossa percepção da realidade e, muitas vezes, influencia o que podemos ou não pensar. Isso é algo estudado pela linguística antropológica e pela psicolinguística, que investigam como diferentes culturas e línguas podem afetar a cognição humana. Por exemplo, há algumas línguas que possuem mais palavras para descrever certos conceitos do que outras.

Vejamos no Brasil, quando utilizamos a palavra saudades, seu significado serve para expressar o sentimento de falta de alguém ou de algo que nos traz sentimentos e sensações boas. Essa palavra saudade é exclusiva para expressar esse sentimento. Em outros idiomas são utilizadas expressões que podem também ser utilizadas em outros contextos. No Inglês, a expressão usada é *I miss you* que significa "sinto falta de você". Esse verbo *to miss* tem múltiplos significados em português, incluindo "perder" (como em perder um ônibus, oportunidade ou algo), "sentir falta de" (saudades de alguém), e pode significar "falhar" ou "errar" (como em errar um tiro).

> Outros exemplos: no Francês – *Tu me manques / nostalgie. Tu me manques* significa literalmente "Você me faz falta". Já *nostalgie* se refere à nostalgia, mas pode não ter a mesma intensidade afetiva de "saudades". No Italiano *Mi manchi* equivale a "Sinto sua falta", usada para demonstrar saudades de alguém. Por fim, no Espanhol – *Te extraño* significa literalmente "Eu te estranho", mas é usado para dizer que sente falta de alguém.

Cada linguagem está profundamente ligada à cultura e à identidade. Cada língua tem suas próprias convenções, expressões idiomáticas, gírias e formas de se comunicar, muitas das quais podem não ter equivalentes diretos em outras línguas.

A dinamicidade da linguagem faz com que ela vá se adaptando às necessidades culturais, sociais e tecnológicas de cada sociedade ao longo do tempo. Por exemplo, novas palavras são criadas para descrever invenções ou ideias, e outras caem em desuso. Ela também é cheia de nuances, como gírias, dialetos e expressões culturais, que variam dependendo do contexto e da região.

No ensino de Língua Portuguesa, temos de nos atentar à linguagem como um todo, visto que a leitura e interpretação de um texto demandam a compreensão de todos os significados embutidos no texto, composto este por palavras, imagens etc. Temos como foco no ensino da linguagem o código (língua verbal), mas não podemos desconsiderar a linguagem não verbal. Essa linguagem mista é chamada de textos multimodais, como inclusive está presente na BNCC no componente de Língua Portuguesa.

Os **textos multimodais** são aqueles que combinam diferentes modos de comunicação para construir e transmitir significados. Esses modos podem incluir texto escrito, imagens, gestos, sons, cores, diagramação e outros elementos visuais e auditivos. A multimodalidade ocorre quando a informação não depende apenas das palavras, mas também de outros recursos que colaboram para a compreensão da mensagem.

Um exemplo comum de texto multimodal é uma história em quadrinhos, que une texto escrito (diálogos e narração) com imagens, expressões faciais dos personagens e disposição gráfica. Outros exemplos incluem cartazes publicitários, memes, infográficos, vídeos, sites e postagens em redes sociais, pois todos utilizam múltiplos elementos para comunicar uma ideia.

Na era digital, os textos multimodais estão cada vez mais presentes, pela facilidade de criação que permite a comunicação moderna que frequentemente combina palavras, imagens, *emojis*, animações e sons para tornar a mensagem mais clara, envolvente e acessível. Dessa forma, a multimodalidade amplia as possibilidades de expressão e facilita a compreensão, principalmente em ambientes interativos como a internet.

Compreender as concepções de linguagem ajuda o professor a ir além da simples correção de erros de acordo com a norma culta. O ensino deve promover a visão da língua como um instrumento de interação, expressão e mediação no mundo. Isso porque as concepções de língua como um sistema de normas (gramática normativa) e como prática social (sociolinguística) são fundamentais para compreender como a linguagem funciona na comunicação e na formação de identidade cultural.

Assim, o ensino ocorre de forma crítica e reflexiva, valorizando a diversidade linguística e ajudando os alunos a entenderem que variações de fala, inclusive a variante de prestígio, que pressupõe o uso da norma culta, são parte legítima da língua.

Vamos entender um pouco mais sobre as concepções de língua (*langue*) e fala (*parole*), pressupostos de Ferdinand Saussure quando realizou o *Curso de Linguística Geral*[2].

---

2 *Curso de Linguística Geral* é o livro baseado em anotações feitas por estudantes durante as aulas de Saussure na Universidade de Genebra, entre 1907 e 1911. Foi publicado postumamente em 1916 por seus alunos Charles Bally e Albert Sechehaye. Essa obra é considerada um marco na linguística moderna e introduziu conceitos fundamentais, como a distinção entre língua e fala, o signo linguístico e a visão da linguagem como um sistema estrutural.

2.2 Língua e Fala

Ferdinand de Saussure, considerado o pai da linguística moderna, distingue a língua da fala dentro de sua teoria estruturalista da linguagem. Essa distinção é fundamental para entender a abordagem científica da linguagem.

Aqui, trataremos sobre a distinção entre língua e fala para podermos compreender como seus estudos modificaram o olhar sobre o ensino da língua.

2.2.1 Língua

A **língua é** entendida como **um sistema social de signos linguísticos compartilhado por uma comunidade.** Possui regras e convenções que organizam a comunicação. A língua não é criada individualmente; ela nasce e se desenvolve dentro de grupos sociais e se é uma língua viva[3], ou seja, em uso, permite que novas palavras, expressões e significados surjam da interação entre os falantes coletivamente. A Língua é estabelecida por convenção social, como sistema, com suas regras gramaticais e vocabulário.

Ferdinand de Saussure define a língua (*langue*) como um sistema social de signos que existe independentemente dos

3 A expressão "língua viva" se refere a um idioma que está em uso ativo por uma comunidade de falantes e evolui constantemente ao longo do tempo. Isso significa que novas palavras, expressões e significados surgem, influenciados por mudanças culturais, sociais e tecnológicas. Além disso, uma língua viva pode apresentar variações regionais e incorporar elementos de outros idiomas, refletindo a dinâmica da sociedade. Um exemplo é o português, que continua a se transformar com novas gírias, empréstimos linguísticos e adaptações ao contexto moderno. Diferentemente do caso do latim, que é considerado uma língua morta, embora possa ainda ser estudado ou usado em contextos específicos, como na religião ou academia. É um idioma que não possui mais falantes nativos e não é utilizado como meio de comunicação no cotidiano.

falantes individuais. Ele a distingue da fala (*parole*), que representa o uso individual e concreto desse sistema. Segundo Saussure:

> A língua não é uma função do sujeito falante, é o produto que o indivíduo registra passivamente; não supõe jamais a premeditação, e a reflexão nela intervém somente para a atividade de classificação (...) (Saussure, 1982, p. 22).

Isso significa que a **língua** é um **fenômeno coletivo e impessoal, e é transmitida de geração em geração**. Ela é composta por um conjunto de regras e convenções que permitem a comunicação dentro de uma comunidade. Essas regras são relativamente estáveis e independem das variações individuais. Saussure também enfatiza que a língua é um sistema estruturado de signos, em que cada elemento adquire significado em relação aos outros. Ela é a parte social da linguagem, exterior ao indivíduo. Ela existe a partir de um contrato estabelecido pela comunidade.

No Brasil, temos a Língua Portuguesa como a variante de prestígio, que pressupõe o uso da norma culta, como língua oficial da nação, mesmo tendo outros diversos falares. Um exemplo bastante pertinente em relação a isso é o fato de a Constituição Federal Brasileira ser escrita na Língua Portuguesa na variante da norma culta.

Importante destacar aqui que temos diversas gramáticas e a que nos dá respaldo no ensino da língua na escola é a Gramática da Norma Culta. Ela sofre alterações por vezes, mas que não são tão frequentes, visto que **a gramática segue estudos das regularidades da língua padrão no contexto formal de uso para delimitar regras**.

Os principais tipos de gramática são:

a. Gramática Normativa: prescreve regras a partir das regularidades da língua considerada de prestígio para o uso adequado da língua no contexto formal.

b. Gramática de Uso ou Descritiva: analisa e descreve a língua tal como é usada pelos falantes, sem julgamentos de certo ou errado a partir da observação das variações e padrões linguísticos.

c. Gramática Histórica: estuda a evolução e as mudanças da língua ao longo do tempo, analisando transformações fonéticas, morfológicas e sintáticas.

Gramática comparativa: compara diferentes línguas para identificar semelhanças d. e diferenças, auxiliando na reconstrução de línguas antigas e na classificação de famílias linguísticas.

e. Gramática gerativa: busca explicar a estrutura mental da linguagem. Propõe que todos os falantes possuem uma gramática inata, ou seja, uma capacidade natural de formar frases.

2.2.2 Fala

A **fala é a realização individual da língua.** Ela é a concretização da língua em um tempo e um espaço: **é a língua em uso.** Saussure explica essa diferença da seguinte forma:

> A fala é um ato individual de vontade e inteligência, no qual é preciso distinguir: 1º) as combinações pelas quais o sujeito falante utiliza o código da língua em vista de exprimir seu pensamento pessoal; 2º) o mecanismo psicofísico que lhe permite exteriorizar essas combinações (Saussure, 1982, p. 22).

Isso significa que a fala envolve tanto a escolha das palavras e construções feitas por um falante quanto o ato físico da pronúncia, o que inclui variações, estilo pessoal, entonação e sotaque. Diferente da língua, que é social e relativamente estável, a fala é dinâmica, variável e específica para cada indivíduo. Saussure enfatiza que a linguística deve focar na língua e não na fala, pois a fala é heterogênea e difícil de sistematizar: "A língua existe na coletividade; a fala, ao contrário, é essencialmente individual e momentânea." (Saussure, 1982, p. 19)

É importante destacar que depois dos estudos de Saussure vários autores se debruçaram a estudar a fala e seus contextos. A disciplina que estuda esse assunto é a sociolinguística.

A **sociolinguística** é o ramo da linguística que estuda a relação entre a **língua** e a **sociedade**, ou seja, como os fatores sociais influenciam a maneira como as pessoas **falam** e como a linguagem funciona em contextos reais.

Autores como Sírio Possenti, Luiz Antônio Marcuschi, Marcos Bagno, entre outros, realizaram estudos que promoveram a reflexão sobre as variedades linguísticas da fala[4].

Assim, a fala representa a aplicação pessoal e momentânea das regras da língua, variando conforme o contexto e o falante, mas sempre baseada na estrutura compartilhada do idioma. Essa distinção influenciou profundamente a linguística estruturalista e foi a base para diversos estudos posteriores sobre a linguagem.

Entender a diferença entre língua e fala é fundamental para o ensino da Língua Portuguesa, pois permite uma abordagem mais completa e eficaz da linguagem.

Quando compreendemos que a língua é um sistema estruturado e coletivo percebemos a importância do ensino das

---

4 Aprofundaremos mais sobre esse assunto no capítulo em que tratamos da oralidade.

regras gramaticais, da ampliação do vocabulário e do conhecimento das normas da escrita de forma sistemática, ou seja, o trabalho realizado pela análise linguística[5]. Isso garante que os alunos tenham acesso ao modelo compartilhado da língua para a comunicação e a produção textual em um contexto formal. O papel do professor de Língua Portuguesa é fazer com que o aluno seja poliglota[6] na própria língua (Bechara, 1999), sabendo se comunicar nos mais variados contextos.

Ao entender que a fala representa o uso real e individual da língua, que varia conforme o contexto, a região e o grupo social fazem com que os professores reconheçam e valorizem a diversidade linguística, incluindo variações regionais e registros informais, sem desqualificar o modo como os alunos falam. Isso contribui para um ensino mais inclusivo, ajudando os estudantes a transitarem entre diferentes usos da língua, do informal ao formal, sem que sua identidade linguística seja desvalorizada.

Dessa forma, ao compreender essa distinção, o ensino de Língua Portuguesa pode equilibrar a norma padrão e a diversidade linguística, preparando os alunos para utilizar a língua de maneira adequada em diferentes situações comunicativas.

2.3 Alfabetização e Letramento

A alfabetização (o processo de aprender a ler e escrever) não deve ser tratada de forma isolada, porque o letramento (a habilidade de usar a leitura e a escrita em práticas sociais) é

5 A **análise linguística** é o estudo sistemático da língua, considerando os seus diferentes níveis e aspectos, como fonética, morfologia, sintaxe, semântica e pragmática. Ela busca entender como os elementos da linguagem funcionam e se relacionam para produzir significado e comunicação.

6 BECHARA, Evanildo. **Moderna gramática portuguesa**. 37. ed. Rio de Janeiro: Lucerna, 1999.

essencial para o uso efetivo da língua: saber ler e escrever não basta; é preciso formar cidadãos que compreendam e utilizem a leitura e a escrita de forma funcional, crítica e social. Todavia, **para realizar o letramento** devemos estar **atentos ao fato** que isso só **ocorrerá de maneira plena se a alfabetização ocorrer.**

2.3.1 O que é Alfabetização?

O ensino de língua envolve o desenvolvimento de habilidades comunicativas em um idioma, incluindo falar, ouvir, ler e escrever. Por isso, é a alfabetização a primeira etapa fundamental desse ensino, porque sem ela, a pessoa não tem as ferramentas básicas necessárias para interagir de forma eficaz com a linguagem escrita.

Isso porque este é o processo pelo qual uma pessoa aprende a ler e a escrever em uma língua, com foco na compreensão das letras e na associação entre o som e a escrita (ou fonema e grafema), que envolve a aquisição de habilidades como:

a. **decodificação**: reconhecer as letras e entender como elas se combinam para formar palavras;
b. **compreensão leitora**: entender o que as palavras e frases significam dentro de um contexto;
c. **produção escrita**: escrever de forma legível e coerente.

Esse processo ocorre em **várias etapas** e geralmente começa com a criança aprendendo a **reconhecer o alfabeto**, depois avançando para a **combinação de sons e letras na formação de sílabas** até alcançar a **leitura fluente e a escrita espontânea.** A língua portuguesa possui uma característica das línguas latinas que é a de as palavras serem formadas por sílabas compostas por consoantes e vogais. A língua ser composta por **sílabas** auxilia a alfabetização, porque as sílabas são **unidades sonoras mais simples e perceptíveis** do que os fonemas isolados.

Há diversos métodos de alfabetização e sua história acompanha a evolução da educação e as diferentes concepções sobre a aprendizagem da leitura e da escrita. Na Antiguidade e na Idade Média, o ensino da escrita era reservado a poucas pessoas, como religiosos e nobres e o método predominante era o alfabético ou soletração, em que os alunos memorizavam o nome das letras antes de aprenderem a formar palavras. Esse método permaneceu forte até o século XIX, quando começaram a surgir novas abordagens pedagógicas que buscavam tornar a alfabetização mais acessível e eficiente.

No final do século XIX e início do século XX, influenciados por teorias psicológicas e linguísticas, surgiram o método silábico e o método fônico, que focavam na relação entre os sons e as letras para facilitar a leitura e a escrita. Ao mesmo tempo, educadores começaram a experimentar o método global, inspirado nas ideias de pedagogos como John Dewey, que defendia a aprendizagem por meio do reconhecimento de palavras inteiras dentro de contextos significativos. Essa abordagem se tornou popular em muitos países, principalmente na segunda metade do século XX, mas foi criticada por não desenvolver plenamente a consciência fonológica dos alunos.

A seguir, estão os principais métodos de alfabetização:

a. **Método Fônico** – baseia-se na relação entre letras e sons (fonemas). Ensina a criança a decodificar as palavras por meio da pronúncia dos sons das letras e sílabas.

> Exemplo: O professor ensina que a letra "B" tem o som */b/* e a letra "A" tem o som */a/*, então juntos

formam "BA". Depois, combina outras sílabas para formar palavras como "BALA", "BOLA", "BANDA".

- Vantagens: ajuda na leitura fluente e na ortografia correta e fortalece a consciência fonológica.
- Desafios: pode ser mecânico e dificultar a compreensão de palavras complexas se não houver associação ao significado.

b. **Método Silábico** – ensina a leitura e escrita por meio das sílabas, mostrando como elas se combinam para formar palavras.

Exemplo: a criança aprende primeiro sílabas simples: BA, BE, BI, BO, BU. Depois, junta as sílabas para formar palavras: BA+LA = BALA.

- Vantagens: ajuda a formar palavras rapidamente e facilita a escrita ao ensinar a segmentação silábica.
- Desafios: pode ser repetitivo e menos significativo se não houver ligação com o contexto.

c. **Método Global** – a criança aprende a ler e escrever a partir de palavras e frases inteiras, sem focar nas letras ou sílabas isoladamente. A ideia é que a leitura aconteça por reconhecimento e memorização.

Exemplo: o professor apresenta palavras familiares como CACHORRO, MAMÃE, CASA com imagens. A criança reconhece e memoriza as palavras antes de aprender a decompor em sílabas e letras.

- Vantagens: relaciona a leitura ao significado desde o início e estimula a compreensão e o contexto.
- Desafios: pode dificultar a escrita correta, pois a criança pode decorar palavras sem aprender a formar novas.

Alfabetizar com métodos exige mais do que a simples escolha de uma abordagem isolada; requer sensibilidade ao contexto, à realidade da escola, à formação do professor e, principalmente, às necessidades específicas de cada criança. Nenhum método, por si só, é absoluto ou suficiente. A combinação consciente e estratégica de diferentes recursos e práticas pedagógicas favorece a construção de uma alfabetização mais eficaz, respeitando os tempos, os saberes prévios e os caminhos singulares de aprendizagem dos alunos.

2.3.2 A psicogênese da língua escrita

A partir da década de 1980, os estudos sobre o construtivismo, baseado nas teorias de Jean Piaget, ganharam força. Emília Ferreiro e Ana Teberosky a partir do estudo que realizaram sobre a Psicogênese da Língua Escrita revolucionaram a alfabetização. Este trabalho explica como as crianças constroem o conhecimento sobre a escrita antes mesmo da escolarização formal. Em sua obra "Psicogênese da Língua Escrita" (1985), elas demonstraram que a alfabetização não ocorre por mera memorização de letras e sílabas, mas sim por um processo ativo de construção do conhecimento.

Elas promovem a reflexão sobre as hipóteses da escrita em diversas fases, mostrando que a criança passa por estágios de compreensão sobre o sistema de escrita. Para descrever as etapas, as autoras utilizaram como método a sondagem. A **sondagem**, no contexto da **psicogênese da língua escrita**, é uma estratégia de avaliação **diagnóstica** usada para identificar em que **nível de escrita** a criança se encontra durante o processo de alfabetização. Essa sondagem é feita por meio da **observação da produção escrita espontânea da criança**, geralmente com palavras e frases ditadas.

Vejamos apenas um resumo sobre as etapas, pois a alfabetização é um tema que deve ser trabalhado em uma única obra.

a. **Fase Pré-Silábica (ou Pré-Alfabetização):**
   Nessa fase, as crianças começam a desenvolver o conceito de que a escrita tem uma relação com a fala, mas ainda não fazem uma distinção clara entre letras e sons. Elas podem escrever de forma simbólica, fazendo desenhos ou "rabiscos" que tentam representar palavras ou sons. Essa compreensão inicial de que a linguagem é composta por símbolos que representam sons é essencial para a continuidade do aprendizado. **Professores trabalham o aspecto oral da língua nesta fase, incentivando a fala, a escuta e a repetição de sons e palavras.**

b. **Fase Silábica (ou Fase de Aproximação):**
   Aqui, as crianças começam a associar as letras aos sons que elas representam, mas ainda de forma limitada. Por exemplo, ao escrever "casa", podem escrever "ca" ou "za". Elas começam a entender que as palavras podem ser segmentadas em sílabas e que as letras têm sons específicos. **A aprendizagem de leitura e escrita começa a ser mais estruturada, com o ensino explícito de correspondências entre sons**

e letras, seja qual for o método adotado, por exemplo pelo alfabeto fonético ou pela lógica silábica. A oralidade também continua sendo importante, com atividades que ajudam as crianças a expandirem seu vocabulário e a entender o ritmo e a estrutura da língua falada.

c. **Fase Silábico-Alfabética:**
   Nesta fase, a criança começa a associar as sílabas e as letras com maior precisão. As palavras começam a ser escritas de forma mais próxima ao padrão correto, embora ainda possa haver algumas trocas de letras. **Nesse momento, o ensino se foca na ortografia e na ampliação do repertório lexical.** O trabalho de leitura e escrita passa a ser mais integrado, com o foco no uso da língua para se expressar em diferentes contextos. A linguagem começa a ser compreendida também em termos de estrutura gramatical e sintática, o que facilita a aprendizagem de regras e convenções.

d. **Fase Alfabética:**
   A criança começa a dominar a correspondência entre grafemas e fonemas de maneira eficiente e passa a ler e escrever com mais fluência. Ela já é capaz de compreender textos mais complexos e produzir textos escritos mais elaborados, com coesão e coerência. Aqui, **o ensino de língua entra em um nível mais avançado, com a introdução de conceitos gramaticais, o desenvolvimento da compreensão de textos e a produção de diferentes gêneros textuais.** A leitura se torna um meio de adquirir mais vocabulário e de entender melhor a estrutura da língua.

É importante destacar que construtivismo não é método, mas abordagem de ensino. Sem dúvida os estudos trouxeram avanços na forma como os alunos compreendem a escrita, mas também geraram debates sobre sua efetividade para garantir uma base sólida na ortografia e na leitura fluente.

As **vantagens** dessa abordagem é que ela permite ao professor diagnosticar a fase de escrita e assim poder criar estratégias para tornar a aprendizagem mais significativa e natural e assim estimular a criatividade e a autonomia da criança. As **desvantagens** surgem, pois pode exigir mais tempo e acompanhamento individual o que não é fácil de ser executado em contextos de sala de aula coletivas e numerosas em muitos casos.

Por tais razões que atualmente a escolha dos professores alfabetizadores é a utilização de método misto, combinado a diferentes abordagens para atender às necessidades individuais dos alunos e garantir um aprendizado mais completo.

Durante todo esse processo o professor pode associar a alfabetização ao letramento incorporando a decodificação a gêneros de textos como listas, parlendas, quadrinhas entre outros textos do contexto social da criança. Isso porque a alfabetização não ocorre apenas no âmbito individual, mas está fortemente influenciada pelo contexto social e cultural do aluno. A linguagem é um fenômeno coletivo, e a maneira como uma pessoa é alfabetizada pode refletir valores sociais, culturais e políticos. O ensino de língua, então, deve ser uma prática que envolve produção e interpretação de textos de diferentes tipos e para diferentes situações de comunicação. E nessa perspectiva que temos o Letramento.

2.3.3 O que é Letramento?

O conceito de letramento tem origem na ampliação do entendimento sobre alfabetização, considerando não apenas a capacidade de decodificar letras e palavras, mas também o uso competente da leitura e da escrita em práticas sociais.

O termo letramento (*literacy*, em inglês) começou a ganhar força a partir das pesquisas educacionais e linguísticas da segunda metade do século XX. Até então, o foco das políticas educacionais e dos estudos acadêmicos eram mais voltados à alfabetização. No entanto, estudiosos passaram a defender que ser alfabetizado não significava, apenas, saber usar a leitura e a escrita como decodificadores de mensagens, mas como um conceito que envolvesse a capacidade de interpretar textos, usar a escrita para diferentes funções sociais e participar de práticas de leitura e escrita na sociedade.

Paulo Freire, no início da década de 1980, a partir de conferências e palestras ministradas em diferentes contextos acadêmicos e educacionais reflete suas experiências com alfabetização de jovens e adultos e aponta a importância de se reconhecer que ao ser alfabetizado deve-se considerar que o indivíduo tem seu contexto no mundo: "A leitura do mundo precede a leitura da palavra, daí que a posterior leitura desta não possa prescindir da continuidade da leitura daquele" (Freire, 1992, p. 11).

Assim, surge o destaque para a reflexão sobre letramento no Brasil nos anos 1980 e 1990, principalmente com os trabalhos de Magda Soares, uma das principais pesquisadoras brasileiras da área. Ela diferenciou alfabetização (aprendizado do código escrito) de letramento (uso social da leitura e escrita). Para ela, **letramento** é um fenômeno mais amplo e complexo, que envolve a **capacidade de usar a língua de forma funcional e crítica em diversas situações e contextos sociais**. Enquanto a alfabetização se refere à aprendizagem do sistema de escrita (decodificação de letras e palavras). O letramento envolve o uso efetivo da leitura e da escrita em diferentes contextos sociais.

Magda Soares (1998) descreve o letramento como o processo de apropriação das práticas de leitura e escrita em diferentes contextos sociais e culturais.

> Letramento é o estado ou a condição que adquire um grupo social ou um indivíduo como consequência de ter-se apropriado da escrita e de suas práticas sociais (Soares, 1998, p. 39).

Enquanto a alfabetização foca na aprendizagem das técnicas de ler e escrever, o letramento envolve a capacidade de utilizar essas habilidades de maneira significativa e adaptada às necessidades da vida cotidiana. Em outras palavras, o letramento está ligado ao uso social da leitura e da escrita. Isso significa que o letramento vai além da escola: ele se dá em todos os aspectos da vida social, em casa, no trabalho, nas interações com amigos e familiares, nas redes sociais, no consumo de mídia etc.

É importante ressaltar que a autora não descarta a alfabetização em momento algum, muito pelo contrário, ela reforça a importância de se utilizar métodos para se alfabetizar.

Atualmente, o letramento é um tema essencial na educação brasileira, e é abordado desde a Educação Infantil até o Ensino Médio, visando garantir que os estudantes não apenas aprendam a ler e escrever, mas também compreendam, interpretem e utilizem esses conhecimentos de forma crítica na sociedade.

Por isso, a presença de gêneros textuais no ensino de língua é importante. É a concretização da aprendizagem da língua contextualizada, ou seja, o ensino funcional da língua.

2.4 Gêneros textuais – Características linguísticas e discursivas de diferentes gêneros

A noção de gêneros textuais é central no estudo da linguagem, pois nos ajuda a entender como diferentes tipos de textos são organizados e utilizados para atender a diferentes funções comunicativas em diversos contextos sociais. O trabalho com gêneros textuais é a base do letramento.

Os gêneros textuais não são apenas categorias literárias ou acadêmicas, mas formas de organização de discursos que variam conforme o objetivo comunicativo, o contexto de produção e a relação entre o emissor e o receptor. Diversos autores abordam o tema dos gêneros textuais, cada um com suas contribuições. Entre os mais influentes, estão Mikhail Bakhtin, Marcuschi e Bronckart.

Vamos ver o que cada um deles diz sobre características linguísticas e discursivas de diferentes gêneros e como essas categorias ajudam a organizar a produção e a interpretação dos textos.

Mikhail Bakhtin (2011) foi um dos primeiros a desenvolver uma teoria abrangente sobre os gêneros discursivos. Para ele, os gêneros textuais não são apenas categorias de textos literários ou escritos, mas **formas de expressão social** que existem e se transformam conforme as necessidades comunicativas da sociedade.

> Cada enunciado separado é individual, mas cada esfera do uso da língua elabora seus tipos relativamente estáveis de enunciados. Chamamos esses tipos de gêneros do discurso (Bakhtin, 2011, p. 261).

O gênero textual é moldado por seu contexto de uso e função social e são classificados de acordo com a função discursiva que cumprem, como descrever, narrar, argumentar, exprimir sentimentos, entre outros. A função e o objetivo do gênero são o que orientam suas características linguísticas e discursivas. Por exemplo, o conto é um gênero discursivo voltado para a narração de eventos fictícios, com uma estrutura temporal definida e um enredo com começo, meio e fim, já um editorial de um jornal visa defender um ponto de vista sobre um tema, usando recursos argumentativos como exemplos, citações e dados.

Luiz Antonio Marcuschi (2008) propõe uma análise sociocognitiva dos gêneros textuais, considerando **o papel do indivíduo e do contexto social na construção de significados.** Ele enfatiza que ao aprender a escrever e ler o aluno precisa internalizar as características dos diferentes gêneros e entender como cada gênero é estruturado para atender a uma função social específica. "Os gêneros textuais são entidades sócio-históricas que realizam funções comunicativas em situações discursivas recorrentes." (Marcuschi, 2008, p. 155).

Cada gênero possui uma estrutura própria, repetida sempre que ele é produzido e está diretamente ligado à sua função comunicativa. Por exemplo, um currículo vitae segue uma ordem lógica (dados pessoais, formação acadêmica, experiências profissionais).

Jean-Philippe Bronckart (1999) é outro teórico que aborda a questão dos gêneros textuais, mas com uma perspectiva mais interacional. Ele vê o gênero textual como **uma forma de organização discursiva que facilita a comunicação ao fornecer pistas sobre como o texto deve ser produzido e interpretado.**

> Os gêneros discursivos são modalidades de atividades linguísticas que se realizam em situações de comunicação recorrentes e que, em sua forma, refletem as condições sociais e culturais nas quais elas se inscrevem (Bronckart, 1999, p. 215).

O gênero está relacionado com as convenções discursivas que delimitam o que pode ou não ser dito dentro de determinado contexto. Por exemplo, uma carta de agradecimento precisa seguir uma certa formalidade, enquanto um bilhete informal pode ser mais espontâneo. O autor aponta que alguns gêneros são mais complexos que outros de acordo com o contexto em que são produzidos.

A compreensão dos gêneros textuais como uma combinação de características linguísticas e discursivas é fundamental para o ensino e a aprendizagem da leitura e da escrita. Esses gêneros são definidos não apenas pela forma (estrutura linguística) que apresentam, mas também pela função social que desempenham no cotidiano. Cada gênero tem uma estrutura própria que organiza a produção do texto e, ao mesmo tempo, orienta a interpretação do leitor.

A teoria dos gêneros textuais ajuda a entender como a linguagem se organiza para atender às necessidades sociais de comunicação e como a formação de leitores e escritores deve considerar essas diversidades e características linguísticas ao ensinar produção textual.

Por fim, os conhecimentos sobre linguagem são essenciais no ensino de Língua Portuguesa, pois permitem compreender a linguagem como fenômeno social, cultural e comunicativo, indo além das regras gramaticais. Essa abordagem possibilita práticas pedagógicas mais inclusivas, que consideram as experiências linguísticas dos alunos e valorizam as variações linguísticas, conforme as contribuições de Saussure sobre língua e fala.

No processo de alfabetização e letramento, esses conhecimentos favorecem o ensino da leitura e escrita como práticas sociais significativas, integradas ao uso real da língua. Além disso, o trabalho com gêneros textuais amplia a compreensão dos alunos sobre as diferentes formas de organização do discurso, promovendo um ensino mais contextualizado, crítico e eficaz para a formação de cidadãos competentes em diversas situações comunicativas.

2.5 Vamos refletir sobre o que estudou?

Elabore um resumo sobre a relação entre os conceitos de linguagem, fala e língua, alfabetização e letramento e gêneros textuais e o ensino de Língua Portuguesa.

Questões para orientar a construção do resumo:

1. O que é linguagem e qual é seu papel no ensino de Língua Portuguesa?
2. Qual é a diferença entre língua e fala segundo Ferdinand de Saussure?
3. Como o conhecimento sobre língua e fala contribui para uma abordagem mais inclusiva no ensino da Língua Portuguesa?
4. O que significa alfabetização e como ela se diferencia de letramento?
5. De que forma o letramento amplia o ensino da Língua Portuguesa?
6. O que são gêneros textuais e como eles se relacionam com a prática da leitura e escrita na escola?

7. Como os gêneros textuais contribuem para o desenvolvimento da competência comunicativa dos alunos?
8. De que forma todos esses conceitos (linguagem, fala, língua, alfabetização, letramento e gêneros textuais) se articulam no ensino da Língua Portuguesa?

2.6 Saiba mais – referências bibliográficas comentadas

Bakhtin, Mikhail. **Estética da criação verbal.** Tradução de Paulo Bezerra. 6. ed. São Paulo: WMF Martins Fontes, 2011.

Bakhtin aborda a relação entre linguagem, criação e processo artístico, enfatizando a importância da linguagem como uma prática social e interativa. Ele propõe que a linguagem não é apenas uma ferramenta para transmitir significados, mas sim um espaço dinâmico de interação, onde o sujeito se posiciona em relação aos outros, refletindo a diversidade de vozes e perspectivas presentes na comunicação humana. Ele destaca o conceito de "dialogismo", que sugere que toda expressão verbal é parte de um diálogo contínuo, no qual os significados são constantemente negociados entre diferentes vozes e contextos e de polifonia, em que diferentes vozes coexistem de forma plural e multifacetada, conferindo riqueza e profundidade ao discurso artístico e literário. Para Bakhtin, a criação verbal é um processo estético e social, em que a linguagem reflete a complexidade das relações humanas, culturais e históricas.

Bechara, Evanildo. **Moderna gramática portuguesa**. 38. ed. rev. e ampl. Rio de Janeiro: Nova Fronteira, 2009.

Evanildo Bechara oferece uma análise detalhada e atualizada da língua portuguesa, abordando suas estruturas gramaticais de forma clara e sistemática. A obra trata dos principais aspectos da gramática, como fonética, fonologia, morfologia, sintaxe, semântica e ortografia, sempre com um enfoque na norma culta da língua, sem deixar de lado as variações linguísticas. Bechara discute, por exemplo, as regras de concordância verbal e nominal, o uso correto dos tempos e modos verbais, e a colocação pronominal, além de abordar questões complexas como a regência e a crase.

Bronckart, Jean-Philippe. **Atividades de linguagem, textos e discursos: por um interacionismo sócio-discursivo.** Tradução de Anna Rachel Machado e Patrícia Shwayder de Toledo. São Paulo: Educ, 1999.

Bronckart propõe uma abordagem da linguagem centrada na interação social e no contexto discursivo. Ele defende que a linguagem deve ser compreendida como uma prática social, em que os textos e discursos são produzidos e interpretados dentro de contextos específicos de comunicação. Destaca a importância de entender a linguagem não apenas como um sistema de regras gramaticais, mas como uma ferramenta dinâmica usada em situações interativas, onde os sujeitos engajam em processos de negociação de significados. O autor propõe o conceito de "interacionismo sócio-discursivo", que se baseia na ideia de que as atividades de linguagem estão profundamente ligadas ao contexto social e cultural em que ocorrem.

Ferreiro, Emília; Teberosky, Ana. **Psicogênese da língua escrita**. Porto Alegre: Artmed, 1985.

A obra apresenta uma análise detalhada das concepções das crianças sobre a escrita em diferentes idades, demonstrando que elas não são meramente receptoras passivos de ensinamentos, mas participantes ativas na construção do conhecimento. O livro propõe, ainda, que o papel do educador seja o de proporcionar atividades que desafiem as crianças a refletir sobre a língua escrita, ajudando-as a avançar nos estágios de sua psicogênese.

Freire, P. **A Importância do Ato de Ler:** em três artigos que se complementam. 35ª ed. São Paulo: Cortez, 1992.

Nos três artigos que compõem a obra, o autor propõe uma relação dialógica entre o educador e o educando, enfatizando que a leitura deve ser uma ferramenta para a emancipação dos sujeitos, permitindo-lhes interpretar e intervir ativamente no mundo. Freire critica a visão mecanicista da aprendizagem, propondo uma educação que considere a experiência e a cultura do aluno, valorizando a leitura como um meio de engajamento com a realidade social e política.

Marcuschi, Luiz Antônio. **Gêneros textuais e leitura.** São Paulo: Parábola, 2008.

Luiz Antônio Marcuschi explora a teoria dos gêneros textuais, discutindo como a leitura e a produção de textos estão profundamente interligadas com os contextos de comunicação e com as normas sociais que orientam o uso da linguagem. Ele argumenta que os gêneros textuais são estruturas sociais e culturais que orientam a produção e a interpretação de textos, funcionando como moldes que definem expectativas sobre o que se espera de determinado tipo de discurso. O autor destaca que, ao ler e produzir textos, os indivíduos não apenas decodificam ou reproduzem informações, mas participam de práticas sociais, estabelecendo relações de sentido com os outros.

Saussure, Ferdinand de. **Curso de Linguística Geral.** 9ª ed. Organização de Charles Bally e Albert Sechehaye, com a colaboração de Albert Riedlinger. Tradução de Antônio Chelini, José Paulo Paes e Izidoro Blikstein. São Paulo: Cultrix, 1982.

Esse livro foi publicado póstumo e foi a partir das anotações dos alunos de Saussure. Ele estabelece as bases da linguística moderna, propondo uma abordagem estruturalista da linguagem. Saussure afirma que a língua deve ser entendida como um sistema de signos, composto por um conjunto de elementos interdependentes. Ele introduz o conceito fundamental de "signo linguístico", que é composto por duas partes: o "significante" (a imagem acústica da palavra) e o "significado" (o conceito que a palavra representa). O autor destaca que a relação entre significante e significado e enfatiza que o estudo da língua deve focar na sincronização, ou seja, no estudo das relações que existem entre os elementos da língua em um determinado momento histórico, e não em sua evolução ao longo do tempo (diacronia).

Soares, Magda. **Letramento:** um tema em três gêneros. Belo Horizonte: Autêntica, 1998.

Magda Soares explora o conceito de letramento, ampliando a discussão para além da simples aprendizagem da leitura e escrita. Ela propõe que o letramento deve ser entendido como a capacidade de utilizar a leitura e a escrita de maneira funcional e crítica em diversos contextos sociais e culturais. A autora discute o letramento em três gêneros: o letramento inicial, que envolve o processo de aprender a ler e escrever; o letramento escolar, relacionado ao domínio da linguagem no ambiente educacional; e o letramento social, que diz respeito ao uso da escrita e da leitura em situações do cotidiano, como no trabalho e na interação social. A obra destaca que o letramento não é apenas uma habilidade técnica, mas uma prática que está intimamente ligada à formação da cidadania e ao desenvolvimento de uma consciência crítica sobre o mundo.

Wittgenstein, Ludwig. **Investigações Filosóficas.** Tradução de José Carlos Bruni. São Paulo: Nova Cultural, 1999.

Wittgenstein argumenta que o significado das palavras não reside em uma definição fixa, mas no uso que fazemos delas em diferentes contextos de interação. Ele introduz a ideia de "jogos de linguagem", nos quais as palavras ganham sentido a partir das diversas práticas sociais e atividades humanas, sugerindo que a linguagem é uma ferramenta dinâmica e flexível. A obra questiona conceitos tradicionais da filosofia da linguagem, como a busca por essências e definições absolutas, e propõe que a compreensão de uma palavra deve ser vista como uma prática que está enraizada em práticas sociais concretas. O autor também discute a relação entre pensamento e linguagem, rejeitando a ideia de que o pensamento é uma representação interna da realidade e sugerindo que os significados são construídos socialmente por meio de convenções e usos coletivos.

CAPÍTULO 3:

O ENSINO DA LÍNGUA PORTUGUESA DE ACORDO COM A BNCC

A BNCC (Base Nacional Comum Curricular) é um documento normativo que define os aprendizados essenciais que asseguram os direitos de aprendizagem a todos os alunos da Educação Básica no Brasil. Ela foi elaborada pelo Ministério da Educação (MEC).

A Base tem como principal **objetivo garantir a equidade na educação, estabelecendo diretrizes para que todas as escolas, públicas e privadas, ofereçam um ensino de qualidade, independentemente da localização ou contexto social dos alunos**. O documento não é um currículo fixo, mas sim uma base que orienta os sistemas de ensino e a elaboração dos currículos estaduais e municipais tanto no âmbito das escolas públicas quanto privadas.

Para tanto, elenca **dez competências gerais** que orientam a formação integral dos estudantes, visando ao desenvolvimento de conhecimentos, habilidades, atitudes e valores essenciais para a vida em sociedade. Segundo a **BNCC,** competência é:

> A mobilização de conhecimentos (conceitos e conteúdos), habilidades (capacidades de fazer), atitudes e valores para resolver demandas complexas da vida cotidiana, do pleno exercício da cidadania e do mundo do trabalho (2018, p. 8).

Como base teórico-pedagógica, a BNCC se fundamenta em princípios e concepções sobre a **educação integral**, o **protagonismo do aluno** e o **desenvolvimento humano**

em suas múltiplas dimensões. Essa base está orientada por algumas correntes teóricas, como o socioconstrutivismo e o construtivismo.

Estas teorias buscam garantir um processo de ensino e aprendizagem participativos com as necessidades e as realidades dos estudantes.

a. **Construtivismo** – que considera que a aprendizagem ocorre de forma ativa, com o **aluno** sendo **protagonista** do seu processo de construção do conhecimento;
b. **Socioconstrutivismo** – enfatiza a importância **das interações sociais** e culturais na aprendizagem, ressaltando que o desenvolvimento cognitivo e social está intimamente ligado ao contexto em que o indivíduo está inserido.

A partir dessa visão, a BNCC tem como princípios desenvolver a aprendizagem por meio da:

a. **pedagogia crítica:** adota uma visão de educação voltada para a emancipação e a autonomia dos estudantes, com ênfase em reflexão crítica sobre a realidade. A ideia é que os alunos sejam capazes de entender sua realidade, questioná-la e transformá-la, tornando-se cidadãos conscientes e atuantes na sociedade;
b. **educação integral:** busca promover uma formação global e integral dos alunos, levando em consideração todas as dimensões do desenvolvimento — cognitiva, emocional, social e física. Isso reflete uma perspectiva de educação que não foca apenas na transmissão de conteúdos, mas também no desenvolvimento de habilidades e competências para a vida e a convivência social;

c. **diversidade e inclusão:** valoriza a diversidade presente nas salas de aula, com o compromisso de promover a inclusão e garantir que todos os alunos, independentemente de sua origem social, cultural, racial ou de suas necessidades especiais, tenham acesso a uma educação de qualidade. Ela enfatiza a necessidade de adaptações pedagógicas que atendam à realidade de cada estudante.

A BNCC está organizada em três grandes etapas da Educação Básica:

a. **Educação Infantil** – é estruturada em cinco campos de experiência, que orientam a aprendizagem das crianças de 0 a 5 anos de forma lúdica e interativa (interações e brincadeiras): "O eu, o outro e o nós", que desenvolve a identidade e a socialização; "Corpo, gestos e movimentos", que trabalha a coordenação motora e a expressão corporal; "Traços, sons, cores e formas", que incentiva a criatividade por meio da arte e da música; "Escuta, fala, pensamento e imaginação", que fortalece a comunicação e a oralidade; e "Espaços, tempos, quantidades, relações e transformações", que introduz noções matemáticas e científicas.
b. **Ensino Fundamental** – dividido em anos iniciais (1º ao 5º ano) e anos finais (6º ao 9º ano). Está estruturado em quatro áreas do conhecimento: Linguagens (Língua Portuguesa, Arte, Educação Física e Língua Inglesa), Matemática, Ciências da Natureza (Ciências) e Ciências Humanas (História e Geografia).
c. **Ensino Médio** – a BNCC mantém as quatro áreas do conhecimento, mas permite maior flexibilidade curricular. Os estudantes têm uma formação geral

comum e podem escolher itinerários formativos conforme seus interesses e projetos de vida.

3.1 Ensino Fundamental[7]

Ele está subdividido na área de Língua Portuguesa em **práticas de linguagem, objetos de conhecimento e habilidades essenciais.** Eles orientam as práticas pedagógicas, buscando assegurar que os estudantes adquiram os conhecimentos e desenvolvam as competências necessárias para sua formação integral. Vejamos:

- **práticas de linguagem** – são formas de uso social da linguagem que orientam o ensino de Língua Portuguesa, organizadas em 4 áreas: oralidade, leitura, produção de texto e análise linguística e semiótica.
- **objetos de conhecimento** – referem-se ao conjunto de conteúdos e saberes que devem ser trabalhados ao longo dos anos escolares, de forma progressiva e articulada.
- **habilidades** – referem-se às habilidades desejadas na aprendizagem, ou seja, indicam o que o aluno deve ser capaz de fazer ao final de um determinado período. No contexto da Língua Portuguesa, por exemplo, as habilidades podem envolver compreender e interpretar diferentes gêneros textuais, produzir textos com clareza e coerência, identificar e analisar as estruturas da língua, e usar a linguagem de maneira adequada a cada situação comunicativa.

7 Não trataremos da Educação Infantil nesta obra.

Os **objetos de conhecimentos e as habilidades são apresentados a partir dos campos de atuação**, o que reforça a importância de a língua ser trabalhada em sua funcionalidade a partir de gêneros textuais. Estes eixos são divididos no ensino fundamental da seguinte maneira:

Anos iniciais:

- **campo da vida cotidiana** – e se refere às situações de comunicação do dia a dia. Ele engloba as interações que ocorrem em contextos sociais informais e formais, como conversas, recados, bilhetes, avisos e mensagens;
- **campo artístico e literário** – esse campo trabalha com a leitura de contos, fábulas, poesias, cantigas e outros gêneros literários, estimulando o gosto pela leitura e pela imaginação;
- **campo da vida pública** – trabalha com textos como notícias, cartas de opinião, regras de convivência e campanhas educativas, ajudando os alunos a compreenderem e produzir textos que circulam no espaço público;
- **campo das práticas de estudo e pesquisa** – tem como objetivo ensinar as crianças a utilizarem diversas fontes de conhecimento, como livros, internet, entrevistas e observações, para adquirir informações e construir novos saberes.

Anos finais:

- **campo jornalístico e midiático** – tem como objetivo desenvolver nos estudantes a capacidade de analisar, produzir e interpretar informações veiculadas pelos meios de comunicação, como jornais, revistas, televisão, rádio e mídias digitais;

- **campo artístico e literário** – os estudantes aprofundam-se na leitura de diversos gêneros literários, como romances, crônicas, poesias e contos, com o intuito de refletir sobre suas temáticas, contextos históricos e sociais, além de entender a estrutura e as características de cada gênero;
- **campo de atuação na vida pública** – trabalha com a leitura e produção de textos argumentativos, como artigos de opinião, manifestos e discursos, que têm a função de expressar pontos de vista e influenciar a opinião pública;
- **campo de práticas de estudo e pesquisa** – os alunos são desafiados a desenvolver estratégias para pesquisar, analisar informações e produzir conhecimento de maneira mais sistemática e estruturada, utilizando diversas fontes como livros, artigos, entrevistas, internet e até experimentações práticas.

3.1.1 Práticas de linguagem – eixo oralidade

De acordo com a BNCC, a oralidade envolve produzir e compreender discursos orais em diferentes situações de comunicação, desde conversas cotidianas até exposições formais. Para isso, os alunos devem aprender a adequar a fala ao contexto, ao interlocutor e ao propósito comunicativo. Além disso, a escuta atenta e crítica é incentivada, permitindo que os estudantes analisem diferentes discursos e argumentações.

Ao considerar a fala como prática social e cognitiva, essencial para a construção do pensamento crítico, da argumentação e da interação no meio acadêmico e profissional, os alunos não apenas aprendem a se comunicar melhor, mas também a compreender e participar ativamente de diversas práticas sociais e discursivas. Esse eixo enfatiza que a comunicação oral não é apenas espontânea, mas também um conhecimento que pode e deve ser ensinado de forma sistemática.

No ensino de Língua Portuguesa, esse eixo se relaciona diretamente com atividades como debates, seminários, leituras em voz alta, apresentações orais e análise de discursos midiáticos. Trabalhar a oralidade na escola amplia a capacidade de os alunos de se expressarem com clareza e coerência, além de aprimorar sua interpretação de diferentes gêneros orais, como entrevistas, palestras e narrativas.

3.1.2 Eixo da leitura e escuta

O eixo da leitura e escuta destaca a importância de desenvolver nos alunos a competência leitora, ou seja, a capacidade de compreender, interpretar e criticar textos de diferentes gêneros e suportes. A BNCC reconhece a leitura como uma prática social essencial para a formação cidadã e para a participação ativa na sociedade. Assim, o ensino da leitura deve ser trabalhado de forma sistemática, considerando tanto a decodificação das palavras quanto a construção de sentido e a reflexão crítica sobre os textos.

A leitura envolve não apenas o acesso a textos escritos, mas também o desenvolvimento de estratégias de leitura, como inferência de informações, identificação da estrutura textual e reconhecimento da intencionalidade do autor. O documento propõe que os alunos tenham contato com uma variedade de gêneros textuais e discursivos, como contos, crônicas, notícias, artigos de opinião, poemas, textos científicos e textos multimodais (como infográficos e memes), ampliando seu repertório e suas habilidades interpretativas.

No ensino de Língua Portuguesa, o eixo da leitura deve ser trabalhado de maneira contextualizada, incentivando os alunos a lerem com autonomia e criticidade. Para isso, é fundamental que o professor promova práticas como leitura compartilhada, leitura guiada e debates sobre os textos lidos, estimulando a análise e a reflexão sobre diferentes pontos de vista e discursos. Além disso, é importante relacionar a leitura com a escrita e a oralidade, para que os alunos consigam produzir textos coerentes e bem fundamentados.

3.1.3 Eixo de produção de texto

O eixo da produção de texto tem como principal objetivo desenvolver nos alunos a capacidade de produzir textos de maneira adequada, coerente e eficaz em diferentes situações comunicativas. A BNCC enfatiza que escrever não é apenas um processo mecânico de transcrição de ideias, mas uma prática social que exige planejamento, estruturação e revisão. Dessa forma, a produção de texto deve ser trabalhada de forma contínua e orientada, considerando os diferentes gêneros textuais, suas finalidades e contextos de circulação.

No ensino de Língua Portuguesa, esse eixo se relaciona diretamente com a necessidade de ensinar os alunos a produzirem textos com clareza, coesão e coerência. Para isso, a produção escrita deve estar integrada aos eixos de leitura e oralidade, pois a escrita se desenvolve a partir da ampliação do repertório linguístico e da reflexão sobre os textos lidos e discutidos em sala de aula. A BNCC propõe que os estudantes aprendam a planejar, redigir e revisar seus textos, levando em conta aspectos linguísticos, discursivos e normativos.

Outro aspecto fundamental é o trabalho com diferentes gêneros discursivos, permitindo que os alunos compreendam e produzam textos adequados às mais variadas situações comunicativas. Destaca-se, também, a importância do uso de tecnologias digitais, incentivando a produção de textos multimodais, como blogs, e-mails, postagens em redes sociais e infográficos, ampliando as práticas de escrita para além da escola.

Assim, ao integrar a produção de texto ao ensino de Língua Portuguesa, a BNCC reforça que a escrita não deve ser vista apenas como um exercício gramatical, mas como uma ferramenta essencial para a expressão, a argumentação e a participação ativa na sociedade. O professor, nesse contexto, assume o papel de mediador, auxiliando os alunos a desenvolverem autonomia na escrita e incentivando a revisão e reescrita como parte fundamental do processo de aprendizagem.

3.1.4 Eixo da análise linguística e semiótica

O eixo da análise linguística e semiótica tem como objetivo desenvolver nos alunos a capacidade de refletir sobre as estruturas da língua e os significados dos signos, tanto nos aspectos linguísticos (como gramática, vocabulário e sintaxe) quanto semióticos (envolvendo signos visuais, sonoros e outros sistemas de comunicação). Esse eixo visa ajudar os estudantes a compreenderem a língua como um sistema dinâmico e multifacetado, além de reconhecerem como os textos, orais e escritos, são produzidos e interpretados por meio de diferentes códigos e convenções.

No ensino de Língua Portuguesa, a análise linguística se relaciona com o estudo das estruturas e regras que governam a língua, como ortografia, pontuação, concordância verbal e nominal, e os mecanismos de coesão e coerência textuais. Além disso, o eixo enfatiza a importância de desenvolver a reflexão crítica sobre as escolhas linguísticas e semióticas feitas pelos interlocutores, considerando o contexto social, cultural e comunicativo. Em relação a análise semiótica, inclui-se a análise de gêneros textuais multimodais, como infográficos, vídeos, memes e outros textos que combinam palavras, imagens, sons e outros elementos.

Dessa forma, ao integrar a análise linguística e semiótica ao ensino de Língua Portuguesa, a BNCC ajuda a formar alunos mais críticos e conscientes sobre as estruturas da língua e os processos de significação nos diferentes gêneros textuais e nas diversas formas de comunicação para desenvolverem habilidades de análise e interpretação de maneira reflexiva, conectando teoria e prática no uso da língua.

3.2 Ensino Médio[8]

A BNCC apresenta a área de Língua Portuguesa no Ensino Médio como parte da área de Linguagens e suas Tecnologias, destacando a linguagem como prática social fundamental para a **construção de identidades**, **acesso ao conhecimento**, **participação cidadã** e **atuação no mundo do trabalho.**

Aqui, também, o ensino é organizado em **quatro eixos estruturantes: leitura**, **produção de textos**, **oralidade** e **análise linguística/semiótica**, que se articulam entre si e são trabalhados por meio das **práticas de linguagem** em diferentes campos sociais. Todavia, a proposta valoriza a diversidade textual, os multiletramentos (incluindo mídias digitais),

8 Apesar de as reflexões metodológicas que faremos na obra poderem ser utilizadas para o contexto do Ensino Médio, esse não será o foco. Faremos as reflexões tendo como cenário o Ensino Fundamental.

o desenvolvimento da autoria, o **pensamento crítico** e a **compreensão da linguagem como instrumento de poder, cultura e transformação social.**

Diferente do Ensino Fundamental, a BNCC do Ensino Médio define a progressão das aprendizagens e competências com base no desenvolvimento **crescente de complexidade, autonomia** e **reflexividade** dos estudantes ao longo da etapa. Em vez de dividir os conteúdos por séries, a BNCC organiza o ensino por **competências e habilidades por área do conhecimento**, permitindo maior flexibilidade curricular e integração entre saberes. A progressão ocorre por meio do aprofundamento conceitual, do uso cada vez mais sofisticado da linguagem e do pensamento crítico, da ampliação da capacidade de argumentação, análise e resolução de problemas, sempre considerando os contextos socioculturais dos alunos e os desafios contemporâneos.

Esse desenvolvimento crescente e progressivo é orientado pelos **parâmetros para a organização e progressão curricular**. Eles são orientações que estruturam como os conhecimentos, competências e habilidades devem ser organizados ao longo de cada etapa, garantindo **coerência, continuidade e aprofundamento** da aprendizagem. Esses parâmetros incluem a articulação entre as quatro áreas do conhecimento (Linguagens, Matemática, Ciências da Natureza e Ciências Humanas), o desenvolvimento das **competências gerais**, o trabalho por **eixos estruturantes** em cada área e a valorização de **contextos reais, interdisciplinares e significativos**. A progressão não se dá por série, mas por **níveis crescentes de complexidade e autonomia**, respeitando os ritmos e trajetórias dos estudantes, com foco na formação integral, no pensamento crítico e na preparação para a vida, o trabalho e a cidadania.

Estes parâmetros, ao longo dos três anos, propõem garantir espaços para que os estudantes conheçam a condição juvenil e suas representações, discutam temas que os interessem e reflitam sobre sua trajetória de formação, interesses e modos de expressão. Deve-se promover a troca de gostos e vivências culturais, possibilitar projetos sociais e culturais, e oferecer informações sobre profissões, especialmente na área de linguagens. Também é fundamental proporcionar o contato com produções culturais e artísticas, valorizar os gêneros e expressões das culturas juvenis e estimular o uso crítico e qualificado de diversas ferramentas e ambientes digitais para a criação e expressão.

3.3 Vamos refletir sobre o que estudou?

Leia o texto a seguir e elabore um esquema sobre a BNCC.

Seguem alguns questionamentos que podem auxiliar na elaboração do esquema.

1. Qual é o papel da área de Língua Portuguesa na BNCC?
2. Quais são os eixos estruturantes da área de Língua Portuguesa no Ensino Médio?
3. O que são práticas de linguagem e como elas organizam o currículo de LP?
4. Como a BNCC propõe o desenvolvimento da oralidade?
5. O que a BNCC orienta sobre leitura e produção de textos?
6. Como a análise linguística e semiótica aparece na BNCC?

7. Quais competências gerais da BNCC se relacionam com a área de Língua Portuguesa? Como a área contribui para o desenvolvimento integral do aluno?
8. Como a progressão das aprendizagens ocorre na área de Língua Portuguesa no Ensino Médio? De que forma os conhecimentos e habilidades se tornam mais complexos ao longo dos três anos?

3.4 Saiba mais – referência bibliográfica

BRASIL. **Ministério da Educação.** Base Nacional Comum Curricular. Brasília, DF: MEC, 2017. Disponível em: http://basenacionalcomum.mec.gov.br/. Acesso em: 27 fev 2025.

Acesse através do QR Code abaixo:

CAPÍTULO 4:

CONTEÚDOS DE LÍNGUA PORTUGUESA E SUAS METODOLOGIAS – ORALIDADE

É um grande avanço para a educação brasileira ter como destaque a questão da oralidade. Durante muitos anos, o ensino de Língua Portuguesa estava muito mais pautado na leitura (como processo de decodificação, com pouco ênfase na interpretação de texto) e na escrita de acordo com a norma culta. Vez ou outra ocorriam pequenas ocasiões de trabalho com a oralidade em disciplinas como Arte, por exemplo, quando em algumas escolas havia ações relacionadas à expressão oral como dramatizações.

O eixo da oralidade passou a ganhar destaque no ensino de Língua Portuguesa no Brasil a partir das últimas décadas do século XX, especialmente com a influência dos estudos da linguística aplicada e das abordagens sociocognitivas da linguagem. Com a publicação dos Parâmetros Curriculares Nacionais (PCN) de Língua Portuguesa nos anos 1990, a oralidade foi oficialmente incorporada como um eixo fundamental do ensino, ao lado da leitura, da escrita e da análise linguística. Essa mudança reflete a compreensão de que a oralidade não é apenas uma habilidade natural, mas um processo comunicativo que exige desenvolvimento, considerando diferentes gêneros discursivos, contextos sociais e variações linguísticas.

Documentos curriculares mais recentes, como a Base Nacional Comum Curricular (BNCC), reforçam essa perspectiva, destacando a importância do ensino sistemático da oralidade para a formação de cidadãos críticos e aptos a interagir em diferentes situações comunicativas.

4.1 A Oralidade como Prática Social e Pedagógica

A oralidade é um dos pilares da comunicação humana e se manifesta em diversas situações do cotidiano, além de ser uma prática social fundamental para a comunicação e construção do conhecimento, estando presente em diversas interações cotidianas, como conversas informais, debates e discursos públicos, ou seja, desde conversas informais até discursos formais. Além disso, a **oralidade reflete a cultura e a identidade de um grupo**, permitindo a transmissão de saberes e valores ao longo das gerações.

No contexto pedagógico, a oralidade é trabalhada em sala de aula para desenvolver habilidades de **escuta**, **argumentação** e **expressão oral** dos estudantes. Deve ser trabalhada como uma prática social e pedagógica que permita aos alunos desenvolverem habilidades comunicativas essenciais para sua vida pessoal e profissional, contribuindo para a autonomia dos estudantes, tornando-os mais confiantes ao se expressarem em diferentes situações comunicativas.

Para que a oralidade seja desenvolvida no ambiente escolar, é essencial que sejam criados espaços de escuta ativa, onde os alunos possam se expressar livremente, respeitando diferentes perspectivas e ampliando sua visão de mundo. Estratégias como seminários, rodas de conversa e contação de histórias estimulam a participação ativa dos alunos, promovendo o diálogo e a capacidade de organizar o pensamento de forma clara e coerente de acordo com a situação comunicativa.

As situações comunicativas são contextos específicos em que a linguagem é utilizada para interação social. São nestas situações que nos deparamos com a variação linguística. Isso porque estes contextos dependem de fatores como regionalidade, nível de formalidade, intenção comunicativa e perfil dos interlocutores, demonstrando a riqueza e a diversidade da língua em diferentes usos e registros.

4.1.1 Variação Linguística

A **variação linguística** refere-se **às diferentes formas de uso da língua dentro de uma mesma comunidade**, influenciadas por fatores como região, grupo social, contexto comunicativo e nível de formalidade.

Isso significa que não há uma única maneira correta de falar ou escrever, mas sim variedades que coexistem e se adaptam às necessidades comunicativas dos falantes. Essas variações, no entanto, não tornam uma forma de falar melhor ou pior do que outra a partir do momento em que cumprem a função essencial de comunicação dentro de suas respectivas comunidades.

Nesse sentido, os conceitos de **aceitabilidade** e **adequação** são fundamentais para compreender como essas variações são percebidas e utilizadas. A **aceitabilidade** refere-se àquilo que os falantes de uma língua reconhecem como compreensível e utilizável em determinada comunidade linguística. Já a **adequação** diz respeito à escolha da variante mais apropriada para cada situação de comunicação. Por exemplo, em um ambiente acadêmico ou profissional, espera-se o uso da norma-padrão, enquanto, em conversas informais, expressões coloquiais e gírias são mais comuns e perfeitamente adequadas.

Quando fazemos com que nossos alunos compreendam a variação linguística sob a perspectiva da aceitabilidade e da adequação, fazemos com que evitem preconceitos linguísticos e valorizem a diversidade da língua. Em vez de classificar certas formas de falar como erradas, é essencial reconhecer que cada variante possui seu espaço e função dentro da sociedade.

Dessa forma, a educação linguística deve focar não apenas no ensino da norma-padrão (necessária para os contextos formais), mas também no desenvolvimento da competência comunicativa, permitindo que os falantes transitem entre diferentes registros de acordo com suas necessidades comunicativas. Como já dissemos anteriormente, no ensino de língua materna temos o objetivo de tornarmos nosso estudante "**poliglota no próprio idioma.**"[9]

Em termos de adequação é importante destacar que temos situações em que a língua ocorre que variam de acordo com a formalidade do contexto:

- **registro formal:** utilizado em situações que exigem maior precisão e norma culta, como discursos, documentos oficiais e artigos científicos. Exemplo: *Solicito a gentileza de encaminhar os relatórios até a data estipulada.;*
- **registro informal**: predominante em conversas cotidianas e relações próximas, permitindo maior flexibilidade gramatical. Exemplo: *Me manda os relatórios logo, beleza?*

Temos, como professores, de fazer com que nossos alunos entendam a importância de se **considerar o contexto de produção de fala.** Não é uma questão de ignorar as variantes linguísticas, mas de perceber, como falante, a aceitabilidade do contexto da comunicação. Por exemplo: em uma entrevista de emprego, espera-se um uso mais formal da língua, enquanto, em conversas informais entre amigos, expressões coloquiais e até abreviações são comuns. Essas variações demonstram que a língua é dinâmica e adaptável, e, como destaca Marcos Bagno[10]: compreender e respeitar essa diversidade é essencial para evitar preconceitos linguísticos e valorizar as múltiplas formas de expressão dos falantes.

Vejamos as variantes linguísticas e vamos entender cada uma delas:

a. **variante linguística regional ou dialetal** – ocorre quando a língua apresenta diferenças de vocabulário,

---

9 BECHARA, Evanildo. **Moderna gramática portuguesa**. 37. ed. Rio de Janeiro: Lucerna, 1999.

10 BAGNO, Marcos. **Preconceito linguístico: o que é, como se faz**. São Paulo: Loyola, 1999.

pronúncia e estrutura gramatical em função da região geográfica onde é falada. Essas diferenças originam os chamados dialetos regionais, que são variedades linguísticas próprias de determinadas localidades. No Brasil, um país de grande extensão territorial e diversidade cultural, há diversas variações dialetais, resultantes da influência de fatores históricos, sociais e migratórios. Exemplos de **variação regional ou dialetal:**

- **vocabulário**: para se referir à planta da família das euforbiáceas, do gênero *Manihot*, nativa da América do Sul, cujas raízes são ricas em amido termos: no nordeste a macaxeira, no sul e sudeste, a mandioca ou o aipim;
- **pronúncia**: o som do 'r' possui diferenças conforme a região do país. No interior de Minas Gerais e de São Paulo, é comum a pronúncia do 'r' retroflexo[11] em distinção a predominância do 'r' fraco alveolar ou deletado[12];
- **estrutura gramatical**: o uso da segunda pessoa do singular. Há regiões que usam o pronome

---

11 O **"R" retroflexo** é uma realização fonética do fonema /r/, em que a ponta da língua se curva para trás em direção ao palato, sem tocar nos alvéolos, produzindo um som característico mais "arrastado" e prolongado em comparação ao "R" alveolar vibrante comum. Esse som se assemelha ao "R" do inglês em palavras como *car* ou *bird*, embora no português brasileiro ele ocorra geralmente no final das sílabas e palavras, como em **"porta" [ˈpɔɻta]** e **"falar" [faˈlaɻ]**.

12 O **"R" fraco alveolar** ou **deletado** refere-se à forma como o "R" é pronunciado no final das sílabas em algumas regiões, como na capital paulista. No caso do "R" alveolar fraco ([ɾ]), a língua toca de forma leve os alvéolos, produzindo um som vibrante simples, semelhante ao "R" encontrado em algumas variedades do espanhol. Já o "R" **deletado** ocorre quando o som do "R" no final das sílabas é completamente omitido, especialmente em situações informais ou rápidas, sendo substituído por uma pausa ou por uma vogal prolongada. Por exemplo, em *falar*, pode-se ouvir **[faˈla]**, sem o "R" final, característica presente no falar cotidiano de muitos paulistas.

pessoal 'tu' ao referir-se à segunda pessoa do singular, enquanto outras preferem utilizar o pronome de tratamento 'você'. Por exemplo, em estados como Rio Grande do Sul, Santa Catarina e Rio de Janeiro o "tu" é amplamente utilizado, embora com variações de conjugação verbal. Em muitas partes do Brasil, o "você" acabou substituindo o "tu" na segunda pessoa do singular, mesmo em contextos informais, e é utilizado com conjugação do verbo na terceira pessoa, como em *você fala, você vai*. Esse fenômeno é particularmente comum no Nordeste, Centro-Oeste e Sudeste.

b. **variantes linguísticas de caráter social e cultural** – ocorre quando o uso da língua varia conforme fatores como nível de escolaridade, grupo profissional, classe socioeconômica, idade e gênero dos falantes. Diferentes grupos sociais utilizam a língua de maneira distinta, adaptando seu vocabulário, pronúncia e estrutura gramatical de acordo com seu contexto de vida e interação. Por exemplo, as variantes linguísticas de gírias e jargões profissionais são formas de linguagem que variam conforme o contexto social, cultural e profissional. Elas são utilizadas para criar um senso de pertencimento a um grupo específico e podem diferir bastante dependendo da região, da faixa etária ou da profissão. Outro exemplo está relacionado à faixa etária ou ao gênero que se referem a maneiras distintas de usar a língua dependendo da idade e do sexo do falante. Essas variações são influenciadas tanto por fatores socioculturais quanto pela percepção que as pessoas têm de seu papel na sociedade. Elas se refletem em diferentes formas de falar, escolher palavras e até no uso de expressões ou modos de comunicação.

c. **variação linguística histórica** – ocorre ao longo do tempo, quando a língua passa por transformações em sua estrutura, vocabulário e pronúncia. Essas mudanças acontecem de maneira gradual e podem ser observadas na evolução de palavras, na criação de novas expressões e na substituição de termos antigos por novos. Esse fenômeno é natural e inevitável, pois a língua acompanha as transformações sociais, culturais e tecnológicas da sociedade. Por exemplo: o pronome de tratamento 'você' passou por transformações. Originariamente era 'Vossa Mercê' (forma de tratamento respeitosa). Entretanto, devido a oralidade, foi se transformando em *vosmecê*, para *vuncê* e assim chegar a *você*. Interessante que na oralidade é comum que as pessoas usem apenas o *cê*. Outro exemplo é a palavra 'féria', que no passado significava "dinheiro recebido pelo trabalho". Hoje, quase ninguém a usa, preferindo "salário" ou "remuneração". A variação histórica mostra que a língua está em constante evolução e adaptação. O que hoje é considerado formal ou correto pode mudar com o tempo, tornando-se arcaico ou dando origem a novas formas. Esse processo é essencial para que a língua continue viva e funcional para seus falantes.

d. **variante linguística situacional** – ocorre quando os falantes adaptam sua linguagem de acordo com o contexto em que estão inseridos. Isso significa que a escolha de palavras, o tom de voz e a estrutura das frases variam dependendo da formalidade da situação, do interlocutor e da intenção comunicativa. Essa capacidade de ajustar a fala ou a escrita conforme o ambiente demonstra a flexibilidade da língua e a competência comunicativa dos falantes. Por exemplo: em contextos formais, como reuniões de trabalho ou eventos acadêmicos, espera-se um uso da língua mais estruturado e próximo da norma-padrão. Já em situações informais, como conversas entre amigos, é comum o uso de gírias, abreviações e construções mais espontâneas.

Adequar a oralidade ao contexto é fundamental para garantir uma comunicação eficaz, fazendo com que a mensagem seja transmitida de maneira clara e apropriada para a situação e o público-alvo. Além disso, a escolha do registro adequado pode evitar mal-entendidos, favorecer a compreensão mútua e mostrar sensibilidade às normas sociais, culturais e institucionais presentes no contexto em questão. Dessa forma, a adequação linguística facilita a interação, contribui para a construção de relacionamentos e permite que o emissor se apresente de maneira mais eficaz e respeitosa.

A seguir, apresentamos algumas estratégias de trabalho pedagógico com variação linguística:

a. **análise e comparação de registros orais**:
   - propor aos alunos a escuta e a análise de áudios, vídeos e entrevistas de falantes de diferentes regiões, faixas etárias e contextos sociais;
   - comparar trechos formais, como discursos políticos, com falas informais de bate-papos entre amigos, incentivando os alunos a identificarem as diferenças e discutir a adequação de cada registro.

b. **dramatizações e simulações**:
   - criar situações simuladas em que os alunos devem se comunicar em diferentes contextos, como uma entrevista de emprego, um pedido de informação ou uma conversa descontraída;

- pedir que os alunos representem personagens com diferentes perfis sociais e regionais, explorando as variações linguísticas em suas falas.

c. **produção de podcasts e debates**:
- incentivar os alunos a gravarem podcasts abordando temas sobre variação linguística, explorando diferentes registros e expressões;
- realizar debates sobre preconceito linguístico, estimulando os estudantes a refletirem sobre a importância de respeitar as variações da língua.

d. **estudos de gírias e expressões regionais**:
- pedir que os alunos pesquisem gírias e expressões comuns em diferentes estados ou grupos sociais e compartilhem seus significados em sala;
- criar um "dicionário de variações linguísticas" com as palavras e expressões levantadas, incentivando o reconhecimento da diversidade linguística do Brasil.

Essas metodologias ajudam a desenvolver a consciência linguística dos alunos, promovendo respeito e valorização das diferentes formas de falar, além de aprimorar a competência comunicativa em diversos contextos.

4.1.2 Retórica

A retórica é **a arte do bem falar e persuadir** e é importante para o ensino da língua materna, porque ela envolve a capacidade de argumentar, persuadir e comunicar ideias de forma eficaz, habilidades essenciais para a expressão clara e precisa.

No ensino, a retórica ajuda os alunos a desenvolverem a habilidade de estruturar seus pensamentos de maneira coerente, utilizando recursos linguísticos adequados para persuadir, explicar ou descrever. Ela permite que os estudantes compreendam e utilizem diferentes estratégias de linguagem, como a escolha de argumentos, a construção de narrativas e o uso de figuras de linguagem, para se expressar de forma impactante e convincente. Além disso, **a prática da retórica favorece o desenvolvimento do pensamento crítico e lógico**, uma vez que a análise de diferentes pontos de vista e a construção de argumentos sólidos, torna os alunos mais aptos a participarem de discussões, debates e a se envolverem com textos de forma mais profunda e analítica.

Elementos básicos da retórica:

a. **Ethos (credibilidade):** construção da imagem do orador. Refere-se à **credibilidade, moralidade e confiabilidade do orador**. Para persuadir o público, é importante que o orador seja visto como alguém digno de confiança, que possui conhecimento e competência sobre o tema tratado. Quando um orador apresenta uma postura honesta, ética e bem-informada, o público tende a acreditar mais facilmente em suas ideias.

b. **Pathos (emoção):** uso de recursos emocionais para envolver o público. Através de expressões emocionais, o orador pode criar uma conexão mais profunda com a audiência, influenciando suas respostas e atitudes. O pathos pode ser usado para provocar emoções como raiva, compaixão, medo, alegria ou empatia, o que pode fortalecer a mensagem e torná-la mais impactante.

c. **Logos (razão):** uso de argumentos lógicos e bem estruturados. Refere-se ao uso da razão, lógica e evidências para construir um argumento sólido. Um apelo lógico envolve a apresentação de dados, fatos,

> estatísticas e raciocínios claros para convencer o público sobre a veracidade de uma ideia. No logos, a argumentação é estruturada de maneira racional, usando raciocínios lógicos e provas concretas que sustentem o que está sendo afirmado.

Existem algumas técnicas retóricas para aprimorar a oralidade como o uso de metáforas e figuras de linguagem para enriquecer o discurso, modulação da voz (entonação, ritmo, pausas) para melhor transmissão da mensagem, organização lógica das ideias para tornar a fala mais compreensível e impactante.

Por fim, o eixo da oralidade desempenha um papel essencial na formação dos estudantes ao promover o desenvolvimento da **expressão verbal consciente**, **crítica** e **eficaz**. Ao articular o ensino da oralidade com os **princípios da retórica** — como a argumentação, a adequação ao contexto e a intencionalidade do discurso —, a escola contribui para que os alunos se tornem sujeitos ativos e éticos na construção de sentidos e na participação social. Assim, o trabalho com a oralidade vai além da fala espontânea, valorizando o preparo discursivo, a escuta qualificada e a capacidade de interagir de forma ética e estratégica em diferentes situações comunicativas.

4.2 Vamos refletir sobre o que estudou?

Analise a seguinte situação-problema e faça sua reflexão contendo propostas de solução e justificativas.

Situação-Problema:

Imagine que a turma foi convidada para um evento na escola, onde um grupo de alunos representará a classe em uma competição de oratória, defendendo um tema sobre "A importância da diversidade cultural no Brasil". Para participar, todos os alunos devem se expressar de forma clara, objetiva e respeitosa, utilizando a norma culta da Língua *Portuguesa.*

Entretanto, durante as preparações para o evento, um dos alunos, Marcos, que é de uma comunidade rural, utiliza constantemente expressões e vocabulários típicos de sua região. Ele se sente confortável com a sua forma de falar e se expressa bem, mas outros alunos começam a fazer piadas sobre o jeito dele falar, dizendo que "não vai dar certo" se ele continuar falando daquele jeito.

Outra aluna, Juliana, que tem um vocabulário mais formal, começa a se sentir incomodada e sugere que Marcos "faça um esforço" para falar de maneira mais parecida com ela, para que todos "entendam" o que ele diz. A situação começa a gerar um desconforto entre os colegas.

A professora observa a situação e decide criar uma atividade para que todos os alunos reflitam sobre a questão da variação linguística, do preconceito linguístico e da importância de se adaptar ao contexto, sem perder a identidade cultural.

A partir disso, pense:

a. O que é variação linguística?
b. Quais são as diferenças entre as variantes linguísticas regionais e a norma culta da língua?
c. O que é preconceito linguístico? Como ele pode se manifestar em sala de aula?
d. Em que situações a norma culta é importante, e quando podemos usar formas mais informais de falar?
e. Quais atividades você sugere para que essa situação seja trabalhada em sala de aula?

4.3 Saiba mais – referências bibliográficas comentadas

Antunes, Irandé. **A prática da oralidade na escola:** desafios e possibilidades. São Paulo: Cortez, 2009.

O livro explora a importância da oralidade no processo educacional, destacando como ela pode ser trabalhada nas escolas de maneira eficaz para o desenvolvimento das habilidades cognitivas e sociais dos alunos. Antunes analisa os desafios enfrentados pelos educadores ao lidar com a oralidade, que muitas vezes é negligenciada em favor da escrita, e propõe atividades pedagógicas que incentivam a expressão verbal, como debates, entrevistas e contação de histórias. A autora também discute o impacto da comunicação oral no desenvolvimento do pensamento crítico, da argumentação e das relações interpessoais, defendendo que a oralidade deve ser considerada uma habilidade essencial no currículo escolar e deve ser integrada de forma reflexiva e crítica ao ensino, criando um ambiente que favoreça o aprendizado ativo e a participação dos alunos.

Bagno, Marcos. **Preconceito linguístico:** o que é, como se faz. São Paulo: Edições Loyola, 1999.

Marcos Bagno aborda o conceito de preconceito linguístico, explicando como ele se manifesta na sociedade, especialmente no contexto educacional. Bagno analisa as atitudes discriminatórias que surgem em relação às diferentes formas de falar uma língua, como os dialetos regionais e as variantes de classe social, destacando o impacto dessa discriminação no acesso à educação e nas relações sociais. O autor critica a visão elitista que valoriza apenas o português formal, marginalizando outras formas legítimas de expressão, e defende a importância de uma abordagem inclusiva que respeite a diversidade linguística.

Cagliari, Luiz Carlos. **A linguagem oral e sua prática na sala de aula:** reflexões e atividades. São Paulo: Contexto, 2014.

O livro oferece uma reflexão aprofundada sobre a importância da linguagem oral no contexto educacional e as estratégias para trabalhá-la de forma eficaz na sala de aula. Cagliari discute como a oralidade deve ser integrada ao currículo escolar, considerando suas várias dimensões, como a comunicação verbal e não verbal, e a importância da escuta ativa. O autor propõe uma série de atividades pedagógicas que incentivam os alunos a desenvolverem suas habilidades de expressão oral, além de refletirem sobre os aspectos sociais e culturais da linguagem.

Marcuschi, Luiz Antônio. **Da fala para a escrita:** aspectos da linguagem na educação. São Paulo: Ática, 2005.

Luiz Antônio Marcuschi explora as relações entre a linguagem oral e a escrita, destacando como essas duas formas de expressão se complementam no processo de aprendizagem. Marcuschi discute como a transição da fala para a escrita ocorre de forma gradual e como o domínio da oralidade pode facilitar a aprendizagem da escrita, especialmente no contexto educacional. O autor analisa as características e as particularidades de cada modalidade linguística, abordando como o ensino pode integrar essas duas competências para promover um desenvolvimento linguístico mais completo nos alunos. A obra propõe atividades pedagógicas que incentivam o uso da oralidade para fortalecer a escrita e vice-versa.

Vygotsky, Lev. **A formação social da mente.** São Paulo: Martins Fontes, 2007.

Embora o livro não trate da questão da oralidade, o autor discute a transição da linguagem social (oral) para a linguagem interna, que se torna essencial para o desenvolvimento cognitivo e a internalização do pensamento.)

CAPÍTULO 5:

CONTEÚDOS DE LÍNGUA PORTUGUESA E SUAS METODOLOGIAS – LEITURA

O eixo da leitura começou a ganhar destaque no ensino de Língua Portuguesa no Brasil a partir da segunda metade do século XX, especialmente com a ampliação das pesquisas em linguística, psicolinguística e educação. Até então, o ensino da leitura era predominantemente mecânico, focado na decodificação de palavras e na memorização de regras gramaticais, sem uma ênfase significativa na compreensão textual.

A mudança importante na Educação ocorreu quando os Parâmetros Curriculares Nacionais (PCN) de Língua Portuguesa passaram a tratar a leitura como um processo de construção de sentido, não apenas de decodificação. Esse documento orientou os professores a trabalharem com diferentes gêneros textuais e a desenvolver a interpretação crítica dos textos.

Mais recentemente, a Base Nacional Comum Curricular (BNCC) reforçou essa abordagem ao estabelecer a leitura como um dos quatro eixos do ensino de Língua Portuguesa, destacando sua importância para a formação cidadã, para o aprendizado interdisciplinar e para a participação ativa na sociedade. Assim, o ensino da leitura no Brasil passou a ser tratado de forma mais abrangente, envolvendo a compreensão, a interpretação e a criticidade, alinhando-se às necessidades do mundo contemporâneo.

5.1 Leitura sob o Enfoque Cognitivo

Por que ter um tópico sob o enfoque cognitivo do ato de ler? Exatamente, porque a leitura não é apenas um processo mecânico de decodificação de letras e palavras, mas uma atividade complexa que envolve diversas funções cognitivas, como atenção, memória, inferência, processamento linguístico e construção de sentido.

Compreender a leitura sob a ótica cognitiva permite analisar como o cérebro processa e interpreta as informações textuais, levando em conta aspectos como a ativação de conhecimentos prévios, a inferência de significados e a capacidade de estabelecer conexões entre diferentes partes do texto. Além disso, esse enfoque contribui para o desenvolvimento de estratégias pedagógicas mais eficazes no ensino da leitura, auxiliando na identificação de dificuldades e na formulação de métodos para melhorar a compreensão leitora. Sob o enfoque cognitivo, a leitura é compreendida como um processo ativo de construção de significado, no qual o leitor utiliza estratégias para decodificar, interpretar e compreender o texto.

É óbvio que tratamos desse assunto de forma sucinta, pois ele é bem mais complexo, mas o objetivo é trazer uma pequena amostra da arquitetura cerebral em relação à aprendizagem na compreensão da leitura.

Para compreendermos um pouco sobre esse processo cognitivo, temos de explicar os componentes essenciais do sistema de processamento da informação no cérebro que são as memórias sensorial, de curto prazo, de trabalho e de longo prazo. Cada uma desempenha um papel específico na forma como adquirimos, armazenamos e utilizamos as informações. Pensemos no caminho das palavras até serem compreendidas e interpretadas no processamento das informações.

a. **memória sensorial ou imediata** – é a primeira etapa do processamento da informação e tem duração extremamente curta, geralmente menos de um segundo. Ela registra estímulos visuais (memória icônica), auditivos (memória ecoica) e táteis antes que esses estímulos sejam processados conscientemente. Sua função é filtrar e selecionar as informações relevantes para o processamento posterior. Chama-se sensorial, pois é por meio dos sentidos que temos o primeiro contato com a palavra: ouvindo, vendo, tateando, por exemplo.

b. **memória de curto prazo** – é considerada por alguns autores como um subcomponente da memória de trabalho. Ela é um sistema cognitivo responsável pelo armazenamento temporário de informações por um curto período, geralmente de alguns segundos a minutos. Ela tem uma capacidade limitada e é essencial para tarefas cognitivas básicas, como reter um número de telefone por tempo suficiente para usá-lo ou lembrar uma frase curta enquanto a compreende.

c. **memória de trabalho**[13] – permite manipular e processar ativamente informações em tempo real. Ela é essencial para a compreensão da linguagem, a resolução de problemas e a tomada de decisões. A memória de trabalho envolve componentes como o executivo central (responsável pelo controle e direcionamento da atenção), o esboço visuoespacial (que lida com imagens e formas) e o buffer fonológico (que processa informações verbais).

---

13 Alan Baddeley e Graham Hitch (1974) argumentam que a memória de curto prazo (MCP) e a memória de trabalho não são a mesma coisa. Eles propuseram que a MCP, como era tradicionalmente concebida, era muito limitada para explicar o processamento cognitivo complexo. Por isso, desenvolveram o conceito de memória de trabalho, que é uma evolução da MCP e enfatiza seu papel ativo no processamento e manipulação da informação. Dividiram a memória de trabalho em três componentes principais: Alça fonológica (processa informações verbais e auditivas); Bloco visoespacial (processa informações visuais e espaciais); Executivo central (coordena as funções da memória de trabalho). (Baddeley, A. D., & Hitch, G. J. (1974). Working memory. **Psychology of Learning and Motivation**, 8, 47-89.)

d. **memória de longo prazo** – responsável pelo armazenamento de informações por longos períodos, de horas a anos. Ela é dividida em memória explícita (ou declarativa), que inclui fatos e eventos (memória episódica e semântica), e memória implícita (ou não declarativa), que envolve habilidades motoras e hábitos, como andar de bicicleta. A memória de longo prazo tem grande capacidade e depende de processos como a consolidação, que ocorre no hipocampo, e a recuperação, que permite acessar informações armazenadas.

Os aspectos cognitivos da leitura envolvem diferentes processos mentais que permitem a compreensão e interpretação dos textos. Alguns dos principais aspectos são:

a. **decodificação** – é a capacidade de o cérebro reconhecer e associar grafemas (letras) a seus fonemas correspondentes, facilitando a identificação das palavras;
b. **atenção** – refere-se ao processo cerebral essencial para focar no texto e selecionar informações relevantes, evitando distrações que possam comprometer a compreensão;
c. **conhecimento prévio** – refere-se ao repertório de experiências e informações já adquiridas pelo leitor e disponíveis na memória, que ajuda na interpretação do texto e na construção de inferências;
d. **inferência** – é a habilidade de deduzir informações não explícitas no texto, completando lacunas e construindo um sentido mais amplo;
e. **processamento sintático e semântico** – é a capacidade cognitiva de entender a estrutura gramatical

das frases e o significado das palavras no contexto, garantindo uma leitura fluida e coerente;

f. **monitoramento da compreensão** – refere-se à habilidade metacognitiva que permite ao leitor avaliar continuamente se está compreendendo o texto e ajustar sua estratégia de leitura conforme necessário.

Associando os processos mentais às memórias em relação à leitura temos o seguinte percurso, que naturalmente, não ocorre de forma tão linear como vamos apresentar aqui como recurso didático para o entendimento.

Façamos de conta que o cérebro pode ser representado pelo desenho a seguir que foi feito apenas para entendimento didático:

Figura 5.1: Representação do cérebro

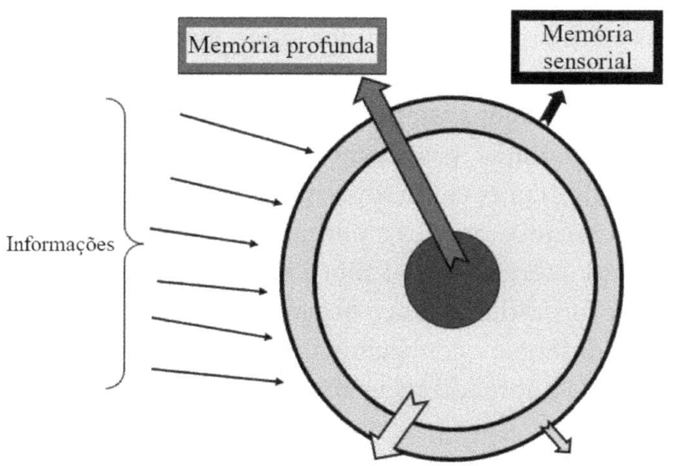

Fonte: Elaborado pela autora, 2025.

Para nossa análise do processo de leitura, vamos considerar o ler de forma ampla: como a interpretação do mundo que nos cerca, ou seja "lemos tudo o que está à nossa volta".

Então, o primeiro momento da leitura ocorre a partir do momento em que as informações são 'sentidas' pela nossa memória sensorial que estão vinculadas à audição, à visão, ao paladar, ao olfato e ao tato. Quando sentimos o cheiro de algo que nos remete a memórias que podem estar armazenadas na memória de trabalho ou memória de longo prazo como sensações e experiências vividas, por exemplo. Quando ouvimos uma música ou sentimos o paladar de algo e elaboramos interpretação do acontecimento, estamos lendo. Importante salientar que tudo o que recebemos do mundo são apenas informações[14] (ou dados) e que o conhecimento[15] só ocorre depois de ser processado pelo nosso cérebro.

Em suma, a leitura envolve estas etapas do processamento da informação, começando pela **memória sensorial**, que capta estímulos pelos órgãos dos sentidos (visão, audição, olfato, tato). Em seguida, com a **memória de curto prazo** que mantém essas informações por alguns segundos, tempo suficiente para iniciar a compreensão. Então, passa para a **memória de trabalho** que atua ativamente, conectando as palavras entre si, relacionando-as com conhecimentos prévios e permitindo que o leitor entenda o texto e faça inferências. Por fim, a **memória de longo prazo** armazena de forma duradoura o que foi aprendido, como vocabulário, regras da língua e conhecimentos do mundo, fundamentais para a leitura e a aprendizagem contínua.

---

14 A **informação** é um conjunto de dados organizados e processados que têm significado, mas ainda não foram interpretados ou aplicados de forma aprofundada.

15 O **conhecimento** surge quando a informação é compreendida, assimilada e aplicada de maneira significativa por um indivíduo. Ele envolve reflexão, experiência e conexões entre diferentes informações.

Claro que o processo de leitura não é assim tão simples, pois é um processo cognitivo complexo que envolve diferentes tipos de memória e de conexões neurais. O que trouxemos aqui foi de uma forma didática, o processo cognitivo da leitura para que o professor, a partir dessa compreensão consiga elaborar estratégias de leitura.

5.2 Estratégias de Leitura

As estratégias de leitura são essenciais para a compreensão de textos e o desenvolvimento da autonomia do leitor. É importante que o professor ensine ao aluno as estratégias que devem ser sistematizadas e adaptadas às necessidades de cada contexto.

Para tratarmos das estratégias de leitura, antes vamos falar sobre o desenvolvimento de competências leitoras.

5.2.1 Desenvolvimento de Competências Leitoras

As competências leitoras se desenvolvem progressivamente, desde a decodificação básica até a compreensão profunda e crítica do texto. Para que o aluno seja um leitor fluente precisa desenvolver algumas habilidades que são progressivamente trabalhadas em sala de aula. Por exemplo: para que o aluno saiba **localizar e inferir sobre** as informações do texto, é necessário que **saiba identificar o seu gênero** e dessa forma a função a que se propõe e relacionar o que lê com os conhecimentos prévios.

Como desejamos que nossos alunos tenham a competência leitora autônoma e crítica, precisamos entender os conceitos de posto, pressuposto, subentendido e implícito.

Quadro 5.1: Conceitos de Informação em Frases

Conceito	**Definição**	Exemplo	Explicação do Exemplo
Posto	Informação explicitamente afirmada na frase.	"Maria comprou um carro novo."	A frase afirma diretamente que Maria comprou um carro novo — isso é o que está posto.
Pressuposto	Informação que precisa ser verdadeira para que a frase faça sentido.	"Maria parou de fumar."	Pressupõe-se que Maria fumava antes.
Subentendido	Informação omitida, mas que se entende pelo contexto ou relação social.	"Melhor não convidar o Carlos..."	Subentende-se que Carlos pode causar algum problema, embora isso não seja dito.
Implícito	Informação não dita diretamente, mas inferida pelas entrelinhas.	"Joana saiu da sala chorando. Minutos depois, Paulo saiu sério."	Implica-se que houve um conflito, mas isso não foi explicitado.

Fonte: Elaborado pela autora, 2025.

A partir desse entendimento, vejamos as **habilidades fundamentais** para o desenvolvimento da competência leitora:

a. **localizar informações explícitas no texto (posto)** – significa identificar dados que estão claramente apresentados na superfície do texto, sem a necessidade de inferência ou interpretação subjetiva. Essas informações podem ser encontradas diretamente nas palavras, frases ou parágrafos do texto. As informações explícitas são aquelas que podem ser entendidas sem necessidade de dedução. Basta reler o trecho para encontrar a resposta ou dado necessário. As estratégias[16] para localizar a informação explícita incluem habilidades como:
   - **leitura atenta** – é importante que se tenha foco ao ler. Todavia, só temos foco e acionamos a memória de trabalho quando há objetivo na leitura;

16 O professor deve utilizar algumas estratégias que serão mais bem detalhadas e desenvolvidas no Tópico 9.2 "Estratégias – Leitura".

- **localização das palavras-chave** – muitas vezes, localizar informações explícitas requer a identificação de palavras ou expressões específicas que remetem à pergunta ou ao que se busca.

b. **fazer inferências a partir do conteúdo (pressuposto, subentendido e implícito)** – fazer inferências significa compreender algo que não está dito diretamente, mas pode ser deduzido a partir do contexto, das pistas fornecidas no texto e do conhecimento prévio do leitor. Essa habilidade exige raciocínio lógico, pois envolve conectar ideias e preencher lacunas deixadas pelo autor.

5.2.2 A Leitura Crítica – os implícitos

A leitura crítica envolve a **capacidade de compreender, interpretar e avaliar um texto de maneira reflexiva**. A inferência é a habilidade que permite deduzir significados que não estão expressos diretamente, mas podem ser compreendidos a partir do **contexto e do conhecimento prévio do leitor**.

Uma das habilidades apontadas pela BNCC na leitura crítica está relacionada à **avaliação da credibilidade do texto** (distinguir o que é fato do que é mentira) que envolve analisar a fonte, verificar a coerência dos argumentos e identificar possíveis manipulações da linguagem. O **leitor crítico** precisa **reconhecer as estratégias argumentativas** usadas pelo autor, como o uso de dados, exemplos e recursos persuasivos, além de estar atento a falácias que possam comprometer a validade da argumentação.

Para tanto, ele precisa desenvolver a capacidade de interpretar textos de maneira reflexiva, indo além da simples decodificação das palavras, e buscando as intenções, as ideologias, os pontos de vista e as possíveis manipulações presentes nos discursos.

Para desenvolver a leitura crítica em sala de aula, é possível adotar diversas estratégias. Aqui estão algumas das principais:

a. **leitura comparativa de textos** – apresentar dois ou mais textos sobre o mesmo tema, mas com pontos de vista diferentes, ajuda os alunos a identificarem intenções, linguagem persuasiva e vieses ideológicos;
b. **análise de gêneros diversos** – trabalhar com notícias, propagandas, charges, editoriais, memes, letras de música, entre outros, amplia a visão crítica dos alunos sobre os discursos presentes no cotidiano;
c. **debates e rodas de conversa** – promover discussões em grupo após a leitura de um texto estimula a troca de ideias, o respeito às opiniões divergentes e o exercício da argumentação;
d. **questionamento orientado** – fazer perguntas que incentivem os alunos a pensarem além do texto, como “Quem é o autor?”, “Qual a intenção do texto?”, “Que ideias são reforçadas ou omitidas?”, entre outras;
e. **reescrita com mudança de foco** – propor que os alunos reescrevam um texto mudando o ponto de vista, o público-alvo ou o gênero textual, para perceber como a linguagem e os argumentos são ajustados conforme a intenção;
f. **uso de textos multimodais** – trabalhar com vídeos, imagens e textos combinados estimula a análise crítica das linguagens que compõem os discursos contemporâneos;
g. **estudo do contexto de produção** – analisar o momento histórico, social e político em que o texto foi produzido ajuda os alunos a compreenderem melhor suas motivações e sentidos.

Essas estratégias contribuem para formar leitores ativos e conscientes, capazes de interagir com os textos de forma crítica e transformadora.

5.3 Textos Literários e Informativos

Ambos os tipos de textos possuem características próprias que influenciam a forma como são lidos e analisados, sendo fundamentais para a formação de leitores críticos e reflexivos. Enquanto os **textos informativos** têm o objetivo principal de transmitir conhecimento de maneira clara e objetiva, os **textos literários** se dedicam à expressão estética, à construção de sentidos simbólicos e à subjetividade.

Estes textos circulam em diferentes contextos sociais e cumprem funções variadas na comunicação. A leitura de textos literários e informativos está diretamente ligada à comunicação, pois permite ao aluno interagir com diferentes gêneros textuais e compreender seus usos em situações reais nos campos de atuação.

Nos campos de **atuação da vida cotidiana, jornalístico-midiático**, do **estudo e da pesquisa** predominam os **textos informativos** que ora exigem interpretação objetiva e capacidade de identificar informações essenciais ora envolvem a análise da linguagem jornalística e do impacto das notícias na sociedade, desenvolvendo habilidades de leitura crítica e argumentação.

O **campo artístico-literário** está diretamente ligado a **textos literários.** Esse campo enfatiza a importância da literatura para a formação cultural e emocional do aluno, promovendo a sensibilidade estética e a capacidade de interpretação subjetiva. É importante destacar que a Literatura é arte e não pode ser desenvolvida apenas com o objetivo de realizar vestibular.

Uma das estratégias de leitura que não deve ser ignorada quando nos referimos ao ensino da Literatura na Língua Portuguesa, entendendo-a como arte, é o efeito causado pela prática de **contação de histórias**, que além de desenvolver a oralidade, como dito no Capítulo 4, pode desenvolver o gosto pela literatura. Outra boa estratégia é a do **clube de leitura** que pode organizar encontros regulares para leitura e discussão de obras escolhidas coletivamente, incentivando o hábito e o prazer da leitura.

5.4 Multiletramentos e Textos Multimodais

O **multiletramento** refere-se à necessidade de lidar com a diversidade cultural e com as novas formas de comunicação que surgem com as tecnologias digitais. Esse conceito surge da necessidade de compreender a leitura e a escrita para além do texto impresso, considerando as múltiplas formas de linguagem que circulam na sociedade contemporânea. Já os **textos multimodais** são aqueles que combinam diferentes modos semióticos, como palavras, imagens, sons, cores, gestos e elementos audiovisuais, exigindo novas habilidades de leitura e interpretação.

O ensino de Língua Portuguesa está incorporado a esses conceitos ao trabalhar com diferentes gêneros e suportes textuais para formar leitores críticos e proficientes na comunicação digital e midiática. A BNCC, inclusive, reconhece que a leitura e a escrita ocorrem em diferentes contextos e modalidades, exigindo que os alunos desenvolvam habilidades para interpretar e produzir textos que vão além do formato tradicional impresso.

No ensino de Língua Portuguesa, os multiletramentos aparecem na BNCC como parte da formação integral dos estudantes, preparando-os para interagir com diferentes gêneros e meios de comunicação. A Competência Geral nº 5 da BNCC destaca que os alunos devem utilizar diferentes linguagens e tecnologias digitais de forma crítica e reflexiva. Já as Competências Específicas de Língua Portuguesa, especialmente a de número 2, enfatizam a necessidade de desenvolver práticas de leitura e produção de textos diversos, considerando os diferentes modos de representação e significação.

Dessa forma, o ensino de Língua Portuguesa precisa incorporar práticas que explorem diferentes formas de letramento, como o letramento digital, midiático, visual e crítico, para que os estudantes compreendam e se posicionem diante dos diversos discursos que circulam no mundo atual. Exemplos: propagandas, infográficos, quadrinhos, videoclipes, memes, postagens em redes sociais e notícias online. Esses textos fazem parte do cotidiano dos alunos e é essencial que eles desenvolvam a capacidade de lê-los criticamente e de produzir seus próprios textos em diferentes formatos.

Na BNCC, os textos multimodais aparecem em diferentes campos de atuação da linguagem:

- **no campo jornalístico-midiático**, os estudantes devem aprender a interpretar e produzir textos que combinam imagens, gráficos e hiperlinks, como ocorre em sites de notícias e redes sociais;
- **no campo das práticas de estudo e pesquisa**, os alunos precisam compreender textos acadêmicos que utilizam esquemas, tabelas e diagramas para representar informações de forma visual;
- **no campo artístico-literário**, o trabalho com quadrinhos, literatura digital e vídeos literários amplia as possibilidades de leitura e interpretação estética.

Além disso, a BNCC incentiva o uso de recursos digitais no ensino de Língua Portuguesa, propondo que os estudantes utilizem ferramentas tecnológicas para a criação de textos multimodais. Isso significa que as aulas devem incluir não apenas a leitura, mas também a produção de vídeos, podcasts, animações e postagens interativas, promovendo um ensino mais dinâmico e conectado à realidade dos alunos.

5.4.1 A Relação entre Multiletramentos, Textos Multimodais e a Formação de Leitores Críticos

Com o avanço da internet e das redes sociais, a informação circula de maneira rápida e muitas vezes fragmentada, exigindo que os leitores saibam interpretar conteúdos que misturam texto, imagem e som. Nesse cenário, o ensino de Língua Portuguesa deve ir além da análise de textos escritos e incorporar práticas que desenvolvam a leitura crítica de diferentes formatos de comunicação.

Os textos multimodais exigem que os alunos compreendam como os diferentes modos de linguagem interagem para produzir sentido. Por exemplo, em uma propaganda, a combinação de imagem, cor, tipografia e slogan influencia a interpretação do leitor. Em um meme da internet, o humor pode estar na relação entre a imagem e a legenda. Já em um vídeo de notícias, a edição, a música e os enquadramentos podem direcionar a percepção do espectador sobre um determinado assunto.

Nesse sentido, os multiletramentos preparam os estudantes para interpretar criticamente os discursos midiáticos, compreendendo como as informações são apresentadas e manipuladas em diferentes contextos. Ao desenvolver essas habilidades, os alunos se tornam leitores mais atentos e cidadãos mais conscientes, capazes de analisar *fake news*, compreender os interesses por trás de determinadas mensagens e se expressar de forma adequada em diferentes meios.

No ensino de Língua Portuguesa, deve-se considerar as transformações da sociedade e a diversidade de gêneros e suportes textuais. Isso exige que os professores adotem práticas inovadoras, que envolvam desde a leitura crítica de mídias digitais até a produção de conteúdos interativos. Dessa forma, os estudantes desenvolvem não apenas a capacidade de compreender textos tradicionais, mas também de interpretar e criar mensagens em diferentes formatos, tornando-se leitores e produtores de sentido mais preparados para os desafios da comunicação no século XXI.

5.5 Vamos refletir sobre o que estudou?

Reflita sobre os principais desafios ao ensinar leitura em prática docente (seja no ensino fundamental, médio ou em outras situações pedagógicas). Alguns exemplos de desafios podem incluir:

- dificuldade dos alunos em entender textos mais complexos;
- falta de motivação para a leitura;
- necessidade de personalização do ensino para diferentes níveis de leitura;
- leitura crítica e interpretativa limitada entre os alunos.

Após identificar o problema, escolha uma ou mais metodologias de ensino da leitura abordadas no capítulo (ex.: leitura compartilhada, estratégias cognitivas, leitura crítica, oficinas de leitura etc.).

Questões para reflexão:

- quais atividades específicas você poderia usar para aplicar essa metodologia de forma eficaz?
- como engajar seus alunos na atividade? Que tipos de textos ou recursos você usaria?
- quais resultados espera alcançar e como medirá esses resultados?

5.6 Saiba mais – referências bibliográficas comentadas

Eysenck & Keane. **Psicologia Cognitiva:** Um Manual Introdutório. Porto Alegre: Artes Médicas, 1990.

Este livro oferece uma introdução abrangente à psicologia cognitiva, abordando temas como percepção, atenção, memória, linguagem, pensamento e raciocínio. A obra combina teorias clássicas e pesquisas contemporâneas, enfatizando a aplicação prática dos conceitos no cotidiano.

Kleiman, Angela B. **Texto e leitor:** aspectos cognitivos da leitura. Campinas: Pontes, 1989.

Este livro analisa a leitura sob a perspectiva da psicologia cognitiva, destacando os processos mentais envolvidos na compreensão textual. Kleiman discute como o leitor interage ativamente com o texto, utilizando conhecimentos prévios e estratégias de inferência para construir sentido.

Kleiman, Angela B. **Oficina de leitura:** teoria e prática. Porto Alegre: Artes Médicas, 1993.

Esta obra propõe atividades pedagógicas que auxiliam no ensino da leitura e na formação de leitores críticos. Kleiman apresenta oficinas baseadas na interação entre texto e leitor, promovendo estratégias que estimulam a interpretação, a argumentação e a análise textual.

Koch, Ingedore Villaça. **O texto e a construção dos sentidos**. São Paulo: Contexto, 1997.

O livro explora como o sentido de um texto é construído a partir da interação entre autor, leitor e contexto. A autora destaca a importância da coerência, da coesão e dos mecanismos linguísticos na interpretação textual, enfatizando que o significado não está apenas no texto, mas também na atividade cognitiva do leitor.

Koch, Ingedore Villaça. **Desvendando os segredos do texto**. São Paulo: Cortez, 2002.

O livro apresenta uma abordagem didática sobre os mecanismos que garantem a construção de sentido nos textos. A autora explora conceitos como coerência, coesão, intertextualidade e progressão temática, mostrando como esses elementos contribuem para a compreensão textual. A obra enfatiza que a interpretação não é apenas uma decodificação de palavras, mas um processo ativo que envolve o leitor, seu conhecimento prévio e o contexto comunicativo.

Koch, Ingedore Villaça; Elias, Vanda Maria. **Ler e compreender:** os sentidos do texto. São Paulo: Contexto, 2006.

Esta obra aborda o processo de leitura como uma atividade interativa em que o leitor constrói sentidos a partir do texto. As autoras destacam a importância da coerência, da coesão, da inferência e do conhecimento prévio para a interpretação textual, mostrando que a compreensão vai além da simples decodificação de palavras.

Solé, Isabel. **Estratégias de leitura.** Porto Alegre: Artmed, 1998.

Isabel Solé analisa a leitura como um processo ativo de construção de sentido, no qual o leitor precisa mobilizar conhecimentos prévios e aplicar estratégias cognitivas antes, durante e após a leitura. Ela destaca que ler não é apenas decodificar palavras, mas compreender, interpretar e refletir sobre o texto. Para isso, Solé propõe estratégias como ***antecipação, formulação de hipóteses, verificação e confirmação de ideias, inferência****, e* ***resumo****, que ajudam o leitor a monitorar e regular sua compreensão.*

Marcuschi, Luiz Antônio. **Leitura como prática cultural.** São Paulo: Parábola Editorial, 2010.

Marcuschi defende que a leitura vai além de uma simples habilidade técnica de decodificação de palavras – ela é uma prática social e cultural, profundamente ligada aos contextos históricos, às experiências de vida e às práticas discursivas dos sujeitos. Marcuschi critica a visão tradicional que reduz a leitura a um ato individual e escolarizado, enfatizando que ela deve ser compreendida como um processo dinâmico, que envolve diferentes gêneros textuais, mídias e finalidades. O autor também destaca a importância de a escola promover práticas de leitura significativas, que levem em conta a diversidade cultural dos alunos e estimulem a formação de leitores críticos e autônomos.

CAPÍTULO 6:

CONTEÚDOS DE LÍNGUA PORTUGUESA E SUAS METODOLOGIAS – PRODUÇÃO DE TEXTO

A produção escrita é uma das habilidades mais complexas de ser ensinada, pois envolve a articulação de diferentes competências linguísticas, como o reconhecimento da coesão, da coerência, da norma culta além disso, ter a criatividade.

Para isso, é essencial que ofereçamos as condições para que os alunos desenvolvam não apenas a técnica da escrita, mas também a capacidade de pensar criticamente e expressar suas ideias de forma clara e organizada. O ensino da produção de texto deve ser visto como um processo contínuo e gradual, em que a prática e a reflexão sobre o próprio texto deve ser o ponto central.

Assim, o ensino da produção de texto deve ser dinâmico e adaptado às necessidades e realidades dos alunos, incentivando o desenvolvimento de uma escrita crítica, criativa e eficaz.

6.1 Processos de Produção Textual

A produção textual é um processo complexo que envolve diversas habilidades linguísticas e cognitivas, indo além da simples transcrição de ideias para o papel. Segundo Marcuschi (2008), escrever é um ato que exige planejamento, estruturação e revisão contínua, e não apenas a reprodução mecânica de palavras. Para que o ensino da produção textual seja eficaz, é fundamental compreender os processos envolvidos na escrita e aplicar metodologias que auxiliem o desenvolvimento dessa competência nos alunos.

Por essa razão, esse trabalho pedagógico deve ser dinâmico e reflexivo, incentivando os alunos a desenvolverem autonomia e criticidade na escrita. Além disso, como destaca Solé (1998), é essencial que os professores atuem como mediadores, auxiliando os alunos a desenvolverem estratégias para organizar ideias e aprimorar seus textos. Assim, a escrita deixa de ser um mero exercício técnico e passa a ser um meio de expressão e construção de conhecimento.

Antes de iniciarmos a explicação de cada fase é importante conceituar os principais tipos de texto.

6.1.1 Tipos de textos

Os tipos de texto são classificações que agrupam textos com características semelhantes quanto à sua estrutura, finalidade e modo de organização. Cada tipo textual possui elementos específicos, como a presença de narrador, argumentação ou descrição detalhada. Não podemos confundir tipos de texto com gêneros de texto.

A diferença entre tipo de texto e gênero de texto está na forma como cada um organiza a linguagem. **Tipo de texto** refere-se à estrutura linguística predominante usada para transmitir uma mensagem, como o narrativo, descritivo, dissertativo, expositivo e injuntivo. Já o **gênero de texto** está ligado à finalidade comunicativa e ao contexto de uso social do texto, como carta, notícia, receita, e-mail, crônica, entre outros. Em resumo, o tipo é a **forma**, e o gênero é a **função** e o **uso** que o texto tem na sociedade.

O **texto narrativo** conta uma **história** ou relata um **evento**, real ou fictício, **organizado em uma sequência lógica temporal (passado, presente e futuro)**. Ele envolve personagens, tempo, espaço e um narrador que conduz a trama. Alguns **gêneros** em que predomina esse tipo são: romances, contos, crônicas, notícias, boletim de ocorrência etc.

O **texto dissertativo** tem o objetivo de **analisar, explicar ou defender um ponto de vista** sobre determinado tema. Sua organização é a lógica da introdução, desenvolvimento e conclusão e apresenta uma tese por meio de argumentos. Alguns **gêneros** em que predomina esse tipo são: redação argumentativa (para provas e exames seletivos), artigo de opinião, ensaios acadêmicos etc.

O **texto descritivo** detalha um **objeto, lugar, pessoa ou situação**, buscando criar uma imagem mental no leitor. Alguns dos principais gêneros descritivos são retratos literários, relatos de viagem, manual de instrução.

O **texto expositivo** apresenta **informações ou explica um tema** de forma clara e objetiva. Alguns **gêneros** em que predomina esse tipo textos escolares, verbetes de enciclopédia, palestras informativas.

Por fim, o texto **injuntivo (ou instrucional) orienta e instrui o leitor a realizar uma ação** como encontramos nos **gêneros** receitas, manuais, bulas de remédio, regras de jogos.

A compreensão das características dos diferentes tipos de textos é fundamental para que os estudantes se tornem leitores e produtores mais competentes e conscientes. Ao reconhecer as particularidades de cada tipo textual — como a estrutura, a linguagem, a finalidade e o contexto de uso — os alunos conseguem encontrar ferramentas linguísticas para uma produção de texto eficiente.

6.2 Fases da Escrita: Planejamento, Produção, Revisão e Reescrita

De acordo com Koch e Elias (2009), a produção de um texto ocorre em três grandes etapas interdependentes, que se articulam entre si ao longo do processo de escrita. São elas:

a. **planejamento** – etapa em que o produtor do texto define o objetivo da escrita, o público-alvo, o gênero textual, o conteúdo e a organização das ideias. É o momento de refletir sobre o que será dito, como e para quem;

b. **textualização** – é a etapa da escrita propriamente dita, na qual o autor transforma as ideias planejadas em linguagem, construindo frases, parágrafos e conectando as partes do texto de forma coesa e coerente.

c. **revisão** – momento em que o texto é relido e reavaliado, com o objetivo de melhorar a clareza, a correção gramatical, a adequação ao gênero e ao propósito comunicativo. Envolve tanto aspectos formais quanto discursivos.

Essas etapas não ocorrem de forma totalmente linear, mas se entrelaçam durante o processo de produção textual, contribuindo para a construção de um texto mais eficaz e adequado à situação de comunicação.

6.2.1 Planejamento

O **planejamento** na produção de texto é a primeira etapa do processo de escrita e envolve a organização prévia das ideias, com base em alguns elementos fundamentais que ajudam o autor a estruturar seu texto com clareza e coerência. As principais etapas do planejamento são:

a. **definição do objetivo comunicativo**: o autor deve saber **por que** está escrevendo e **o quê** deseja alcançar com o texto (informar, convencer, emocionar, instruir, entre outros). Na escola, essa etapa é muitas vezes definida pelo professor quando apresenta um tema previamente escolhido. Nesse caso, é importante fazer com que os estudantes reflitam sobre o **porquê** estão escrevendo e **o quê** desejam alcançar, mesmo sendo um tema preestabelecido;

b. **identificação do público-alvo e do contexto**: é importante considerar *para* **quem** o texto será direcionado em que **contexto**, pois isso influencia a linguagem e a definição do tipo de **gênero** a ser usado;

c. **levantamento e organização de ideias**: essa é a etapa da curadoria. (costumo chamar de coleta de ingredientes). É o momento em que se reúne as informações, e se reflete sobre a forma como o conteúdo será abordado;

d. **esboço ou estrutura inicial**: nessa etapa, o autor escolhe as estratégias de textualidade, a partir da definição do gênero textual. O autor define como desenvolverá o seu texto.

   Por exemplo: os **esquemas** ajudam a estruturar o texto de forma sequencial, dividindo-o em partes principais (introdução, desenvolvimento e conclusão). Essa estratégia é útil para textos com predominância do tipo dissertativos. Os **mapas mentais** organizam as informações de maneira não linear, conectando ideias por meio de palavras-chave e ramificações. Essa técnica é especialmente útil para textos criativos, narrativos ou explorações temáticas mais amplas. As **anotações** servem para registrar informações relevantes antes da escrita, como citações, dados estatísticos ou trechos que possam ser utilizados no texto. Essa técnica é útil para pesquisas e artigos acadêmicos.

Esse planejamento ajuda o escritor a ter clareza sobre o que escrever, evita contradições e facilita a produção de um texto mais coeso, coerente e adequado à situação comunicativa.

6.2.2 Textualização

A **textualização** é a fase em que as ideias organizadas no planejamento são transformadas em um **texto completo, coeso e coerente**. Aqui, o autor precisa:

a. **escolher bem as palavras**, adequando o vocabulário ao gênero textual e ao público-alvo;

b. **construir frases e parágrafos bem estruturados**, garantindo fluidez na leitura;

c. **assegurar a progressão temática**, ou seja, garantir que as ideias se conectem de forma lógica ao longo do texto. Como há diversos tipos de texto, escolhemos dois tipos para exemplificar como podemos auxiliar o aluno no desenvolvimento da textualidade: os que são predominantemente dissertativos e os narrativos. No caso do **texto do tipo dissertativo**, a estrutura tradicional é composta por três partes: **introdução, desenvolvimento e conclusão**. Seja em qual gênero – artigo de opinião, editorial, resenha crítica ou até a redação Enem – há uma estrutura a ser pensada para a escrita e que devem estar presentes no texto. Em relação ao texto do **tipo narrativo** a sequência se baseia em começo, meio e fim e deve conter alguns aspectos como: ideia central, protagonista, conflito, cenário, personagens secundários, clímax e o fechamento da história.

6.2.3 Revisão e reescrita

A **escrita é processual**, defendida por Geraldi (1997), que sugere que a escrita deve ser ensinada como um processo contínuo, e não como uma atividade isolada e finalizada de uma única vez. Esse modelo envolve múltiplas versões do texto, com revisões baseadas em *feedback*, tornando o aprendizado mais significativo e menos mecânico.

O ensino de estratégias de **revisão e reescrita** são processos fundamentais para o aprimoramento da escrita. O professor deve ensinar o aluno a revisar seu próprio texto, identificando pontos de melhoria em termos de clareza, organização e estilo. Como proposta, a utilização de textos-modelo e a análise de diferentes gêneros textuais são recursos importantes para que o aluno compreenda a estrutura e as características de cada tipo de produção escrita.

Nesse contexto, atividades que envolvem **a escrita contextualizada** é uma boa estratégia. Por exemplo: a criação de um jornal escolar auxilia na escrita dos gêneros pertencentes a esse campo de atuação. A publicação da notícia faz com que os autores (alunos) sejam mais responsáveis em relação ao que dizem nos seus textos tanto na forma quanto no conteúdo. Outra forma de produção responsável pode ser a criação de concursos literários que pode ser bastante eficaz, pois oferece um espaço para que os alunos escrevam de forma mais livre, experimentando diferentes gêneros e estilos de textos, ao mesmo tempo em que recebem *feedback* construtivos do professor e dos colegas. Isso estimula tanto a fluência quanto a autonomia na escrita.

No próximo capítulo, discorreremos sobre essa etapa com mais profundidade, visto que a revisão está associada à análise linguística.

6.3 Ensino de Diferentes Gêneros Textuais

Ensinar diferentes gêneros textuais na produção de texto é fundamental para o desenvolvimento da competência leitora e escritora dos alunos, pois possibilita que eles se familiarizem com as diversas formas de comunicação que circulam na sociedade. **Cada gênero textual tem uma estrutura, uma função e uma linguagem próprias**, e compreender essas particularidades é essencial para que o aluno consiga se expressar de forma clara e adequada em diferentes contextos.

Como Marcuschi (2008) aponta, a eficácia da produção de texto depende da habilidade do escritor em **ajustar a forma e o conteúdo do texto às exigências de cada situação.** Por exemplo, a forma de escrever um relatório científico é diferente da maneira de escrever uma história em quadrinhos, e os alunos precisam entender essas distinções para se comunicarem com clareza em diversas situações.

Além disso, o ensino de diferentes gêneros também prepara os alunos para interpretar e produzir textos com características distintas, como narrativos, argumentativos, descritivos, instrucionais, entre outros. Angela Kleiman (1999) enfatiza que **o contato com diversos gêneros literários e não literários amplia o repertório cultural do aluno** e proporciona uma compreensão mais profunda da diversidade textual presente no cotidiano. Ao entender como um artigo de opinião se diferencia de uma carta de reclamação ou de uma receita culinária, o aluno aprende a decodificar textos com maior habilidade e a produzir textos mais coerentes.

Cada gênero textual oferece uma possibilidade diferente de expressão e convida o aluno a explorar sua criatividade de maneiras diversas. Por exemplo, ao escrever um conto, o aluno tem a oportunidade de trabalhar com a imaginação, enquanto ao redigir um relatório, ele pratica a organização e a objetividade. Solé (1998) defende que, ao trabalhar com gêneros diversos, o

aluno amplia sua capacidade de refletir sobre suas próprias experiências e a **maneira como pode expressá-las de forma organizada e impactante.** Isso não só melhora sua produção escrita, mas também sua capacidade crítica de ler e analisar textos.

Na escola, assim como em muitas profissões, os alunos precisarão escrever diferentes tipos de textos. Ao aprender a produzir textos acadêmicos, como resumos, dissertações e ensaios, além de textos mais cotidianos, como e-mails e relatórios, o aluno está se preparando para os diversos tipos de produção textual que exigirão em sua vida acadêmica e profissional. O ensino de gêneros textuais é, portanto, uma ferramenta essencial para o aluno desenvolver competências que vão além do ambiente escolar, promovendo sua inserção mais eficaz em contextos profissionais e acadêmicos.

6.4 Reflexões sobre a Criatividade e Autoria

A criatividade na produção de texto é um elemento essencial para tornar a escrita mais expressiva, envolvente e significativa. Ela permite que o autor explore diferentes formas de organizar ideias, criar enredos, personagens, pontos de vista e recursos linguísticos de maneira original e pessoal. Ao estimular a imaginação, a criatividade amplia as possibilidades de construção de sentido, promovendo a autoria e a liberdade de expressão.

Na escola, desenvolver a criatividade na escrita contribui não apenas para a formação de bons escritores, mas também para o desenvolvimento do pensamento crítico, da sensibilidade estética e da capacidade de resolver problemas de forma inovadora. Assim, escrever com criatividade é também um exercício de construção do próprio olhar sobre o mundo.

Todavia, a reflexão sobre autoria deve ser atenta, porque a criatividade possui limites quando estamos nos referindo as publicações de texto, por exemplo. A liberdade de expressão é pressuposta incondicional para a expressão da criatividade, mas ao tornar público o que se criou deve-se atentar aos direitos constitucionais e humanos e compreender que pela lei o autor é responsável pela sua publicação.

Por essa razão, autoria é um assunto extremamente importante e que deve ter destaque em sala de aula. Fazer com que os estudantes compreendam as responsabilidades que têm diante de suas criações, torna-se tarefa imprescindível diante do cenário de facilidades de publicações em que vivemos no mundo digital. Em minha tese, sobre o assunto destaco que:

> o problema da autoria é patente e latente na atualidade. O fácil acesso à publicação ou à reprodução de publicações nas redes sociais fez com que a construção e a reprodução de conhecimento se tornassem amplificadas. Todas as pessoas que possuem um computador, celular ou tablet conectado à Internet podem partilhar, criar e multiplicar informações. As pessoas se apoderaram dessa ferramenta para publicar o que pensam e o que desejam (Gardelli, 2016, p. 17).

Isso está gerando diversos problemas como: **a criação** ou **reprodução** de *fake news*, de preconceito, de ofensas, entre outros. Por tal razão, **os trabalhos de produção de texto devem sempre considerar os aspectos que envolvem a ética e a responsabilidade autoral dos estudantes.** Por isso, é responsabilidade da escola, em todas as disciplinas e áreas, colaborar para essa reflexão pensando na escrita no contexto digital.

6.5 Ética e responsabilidade na produção de textos

A escrita digital exige cuidado com a ética e a responsabilidade ao compartilhar informações. Por isso, alguns temas devem ser frequentemente tema de reflexão em sala de aula.

a. **plágio e direitos autorais: a importância da originalidade e da citação de fontes** – discutir plágio e direitos autorais na educação é essencial para formar estudantes éticos e críticos, capazes de produzir textos com responsabilidade. Em um contexto digital de fácil acesso à informação, é comum que o plágio ocorra sem plena consciência, mas apropriar-se de ideias sem citar suas fontes é uma violação ética e legal. Por isso, é fundamental ensinar o uso correto de citações, referências e paráfrases, promovendo a originalidade não como invenção total, mas como construção pessoal com base em vivências e leituras. Ao reconhecer-se como autor entre autores, o aluno fortalece sua autonomia intelectual e contribui para uma cultura de respeito ao conhecimento.

b. **respeito à diversidade: uso de linguagem inclusiva e respeitosa** – o respeito à diversidade no ambiente escolar passa, necessariamente, pelo uso consciente de uma linguagem inclusiva e respeitosa, capaz de acolher diferentes identidades, culturas, gêneros[17], religiões e realidades sociais. No contexto da produção textual, essa postura se traduz na escolha de palavras que não reproduzam preconceitos ou estereótipos, e que considerem a pluralidade dos sujeitos envolvidos no processo comunicativo. Promover a linguagem inclusiva não significa restringir

17 **Sobre linguagem neutra –** É importante que os estudantes compreendam que a norma culta da língua portuguesa, que orienta a escrita formal usada em contextos acadêmicos, escolares e oficiais, **ainda não reconhece a linguagem neutra como parte de seu padrão gramatical**. Isso significa que, em redações escolares, vestibulares, concursos e documentos formais, deve-se respeitar a forma tradicional da língua, conforme estabelecem as regras da gramática normativa. No entanto, é igualmente essencial reconhecer que a linguagem neutra tem ganhado espaço em contextos informais e sociais como uma forma legítima de expressar respeito à identidade de pessoas que não se identificam com os gêneros masculino ou feminino. Por isso, embora seu uso ainda não seja aceito na norma culta, pode ser discutido, compreendido e utilizado em espaços de convivência, redes sociais e produções de caráter mais pessoal ou artístico, sempre com consciência linguística e respeito às normas de cada situação comunicativa.

a liberdade de expressão, mas ampliar a sensibilidade e a responsabilidade ética diante do outro. Assim, ao orientar os alunos a escreverem com empatia e atenção à diversidade, a escola contribui para a construção de um espaço mais justo, respeitoso e democrático.

c. **respeito aos direitos humanos** – o respeito aos direitos humanos é essencial, pois a linguagem tem o poder de construir ou ferir a dignidade das pessoas, por exemplo. Ao escrever e compartilhar ideias em espaços públicos, é fundamental evitar discursos de ódio, preconceito, incitação à violência ou qualquer forma de discriminação. A internet amplia o alcance das palavras, tornando ainda mais necessária a responsabilidade ética com o que se pública.

d. ***Fake news*: desenvolvimento do pensamento crítico para evitar a disseminação de informações falsas** – o combate às *fake news* é um dos grandes desafios da atualidade e deve fazer parte da formação dos estudantes. Em um cenário de ampla circulação de informações nas redes sociais e aplicativos de mensagens, desenvolver o pensamento crítico é essencial para que os alunos aprendam a verificar a veracidade das notícias antes de compartilhá-las. Isso inclui checar fontes confiáveis, comparar versões de diferentes veículos de comunicação e desconfiar de conteúdos sensacionalistas ou sem autoria identificada.

Por fim, as **metodologias de ensino da produção de texto** vêm se consolidando em práticas mais significativas e formativas, ao priorizarem a escrita como um **processo contínuo e contextualizado.** Abordagens como a do **processo de escrita,** que valoriza a escrita como um processo composto por etapas como planejamento, textualização, revisão e reescrita, promovendo o aprimoramento contínuo do texto e o **trabalho com gêneros textuais,** ensina a escrever com base em situações reais de uso da linguagem, respeitando as características de cada gênero, têm se mostrado eficazes ao desenvolverem a autoria, a reflexão e a adequação à realidade comunicativa dos alunos.

6.6 Vamos refletir sobre o que estudou?

Após a leitura dos tópicos sobre autoria, plágio, diversidade, *fake news* e segurança digital, responda às questões a seguir. Seja honesto em sua reflexão, pois este exercício tem como finalidade o **autoconhecimento profissional e o aprimoramento das suas práticas em sala de aula.**

1 – Reflexão pessoal

a. Em sua prática atual, como você entende o conceito de "autoria" aplicado ao trabalho dos alunos?
b. Você acredita que suas atividades favorecem a autoria e a criatividade? Por quê? Dê exemplos.
c. Quais obstáculos você percebe para que os alunos se expressem com mais liberdade e originalidade?

2 – Aplicação dos Temas

Escolha um dos seguintes temas: **plágio, diversidade,** ***fake news*** **ou segurança digital.**

a. Como você poderia incorporar este tema em uma atividade de escrita ou discussão com seus alunos?
b. Quais orientações você daria para que seus alunos abordem o tema de forma criativa, autêntica e ética?

3 – Planejamento Criativo

Selecione uma atividade tradicional que você realiza em sala de aula (como produção de texto, debate, apresentação).

a. Como você poderia adaptar essa atividade para fomentar mais criatividade, autoralidade e reflexão ética?

b. De que forma as questões discutidas (autoria, plágio, diversidade, *fake news*, segurança digital) poderiam ser integradas a essa nova versão da atividade?

Com base nas suas reflexões acima, **organize suas ideias em um mapa mental.** O mapa deve incluir:

- **principais tópicos** relacionados à criatividade e autoria (como "plágio", "diversidade", "*fake news*", "segurança digital");
- **exemplos práticos** de atividades criativas e autorais;
- **estratégias de implementação** (como: incentivo à escolha de temas, promoção de pesquisa ética, uso de linguagens diversas).

6.7 Saiba mais – referências bibliográficas comentadas

Gardelli, Magda Mulati. **A Prática Da Autoria No Ensino Médio** – Análise De Uma proposta de trabalho com uso das redes sociais virtuais. Tese (Doutorado em Educação Currículo) – Pontifícia Universidade Católica de São Paulo, São Paulo, 2016.

A pesquisa de Gardelli foca na autoria consciente e responsável de jovens do Ensino Médio, partindo da hipótese de que as redes sociais podem ampliar as possibilidades pedagógicas para o exercício da autoria. O objetivo foi analisar como as comunidades virtuais podem funcionar como espaços de produção de textos reflexivos, condição essencial da autoria. Utilizando grupo focal e análise do discurso, o estudo também investigou como os usuários percebem seu papel autoral nas redes. A pesquisa, ancorada nas orientações curriculares e na construção da identidade social na hipermodernidade, concluiu que, embora a escola ainda seja um espaço de reprodução do conhecimento, é possível integrá-la às redes sociais para promover a reflexão, o debate de valores e o desenvolvimento da autoria dos alunos.

Garcia, Othon. **Comunicação em prosa moderna aprenda a escrever, aprendendo a pensar**. 27. ed. Rio de Janeiro: FGV, 2012.

Othon M. Garcia oferece uma abordagem didática e reflexiva sobre a escrita em língua portuguesa, destacando a importância da clareza, coerência e precisão na comunicação escrita. O autor defende que escrever bem é resultado direto de pensar bem, ou seja, o domínio da linguagem escrita está profundamente ligado à capacidade de organizar o pensamento com lógica e objetividade. Ao longo do livro, ele analisa recursos estilísticos, estrutura textual e vícios de linguagem, propondo estratégias práticas para o aperfeiçoamento da redação, tanto no âmbito acadêmico quanto profissional.

Geraldi, João Wanderley. **Portos de passagem.** 2. ed. São Paulo: Martins Fontes, 1997.

João Wanderley Geraldi reúne ensaios que refletem sobre o ensino da língua portuguesa a partir de uma perspectiva crítica e interacionista. O autor defende que a linguagem deve ser entendida como prática social e que o ensino da língua deve valorizar a leitura, a escrita e a oralidade em contextos reais de uso. Ao questionar métodos tradicionais e normativos, Geraldi propõe abordagens que promovam a participação ativa dos alunos e a construção de sentido, tornando a sala de aula um espaço de interlocução e formação cidadã.

Kleiman, Angela B. **Texto e leitor:** aspectos cognitivos da leitura. 8. ed. Campinas: Pontes, 1999.

Kleiman explora como o leitor constrói sentido a partir da interação entre seus conhecimentos prévios — linguísticos, textuais e de mundo — e o texto. Ela destaca a importância de estratégias metacognitivas, como a definição de objetivos de leitura e a formulação de hipóteses, que orientam a compreensão e permitem ao leitor monitorar seu entendimento. Além disso, a obra enfatiza a leitura como uma atividade interativa, na qual o leitor se engaja ativamente na construção de significado, considerando tanto os elementos textuais quanto suas próprias experiências e expectativas.

Koch, Ingedore Villaça; Elias, Vanda Maria. **Ler e compreender:** os sentidos do texto. 6. ed. São Paulo: Contexto, 2009.

As autoras propõem uma abordagem interativa da leitura, na qual o leitor constrói sentidos a partir da interação entre seus conhecimentos prévios (linguísticos, enciclopédicos e interacionais) e os elementos linguísticos presentes no texto. A leitura é concebida como uma atividade complexa de produção de sentidos, que vai além da simples decodificação de palavras, envolvendo a mobilização de saberes diversos no interior do evento comunicativo.

Marcuschi, Luiz Antônio. **Produção textual, análise de gêneros e compreensão**. 3. ed. São Paulo: Parábola Editorial, 2008.

Luiz Antônio Marcuschi aborda a linguagem sob uma perspectiva sociointeracionista e cognitiva destacando a língua como prática social e enfatizando a importância de ensinar a língua por meio de textos autênticos e discutindo sua relevância no contexto educacional e questionando se a escola está preparada para incorporar os novos gêneros emergentes, especialmente aqueles advindos das tecnologias digitais. Marcuschi propõe o uso de sequências didáticas como estratégia metodológica para o ensino da produção textual, alinhando-se às propostas de pesquisadores como Dolz, Noverraz e Schneuwly.

CAPÍTULO 7:

CONTEÚDOS DE LÍNGUA PORTUGUESA E SUAS METODOLOGIAS – ANÁLISE LINGUÍSTICA

O papel da análise linguística no ensino da escrita é fundamental para que os **alunos desenvolvam um uso consciente e crítico da língua na produção textual**. Através da análise linguística, os estudantes aprendem a identificar e aplicar corretamente os elementos estruturais da língua, como a sintaxe, a pontuação, a concordância verbal e nominal, a regência, a coesão e a coerência, que são essenciais para uma comunicação eficaz.

No entanto, essa análise não se restringe apenas ao domínio das regras gramaticais, mas também envolve o desenvolvimento de uma consciência linguística que permite ao aluno refletir sobre o sentido e o efeito das escolhas linguísticas que faz ao produzir um texto.

Sabemos que o *ensino da gramática pela gramática* não garante o desenvolvimento das competências necessárias para o estudante poder escrever, ler e falar a Língua Portuguesa de acordo com a variante linguística da norma culta. Todavia, ignorar o conhecimento gramatical, não é a solução. Por essa razão, a análise linguística pode contribuir para a aprendizagem proporcionando aos alunos não apenas a aquisição de normas gramaticais, mas a sua aplicação significativa no texto.

Mas para que o professor possa elaborar estratégias metodológicas, ele precisa conhecer bem a gramática. Por isso, recomendamos que além de estudar sobre metodologias de Ensino de Língua Portuguesa, o estudo da gramática da norma culta seja realizado. Isso, porque questões relacionadas à análise linguística em relação à pontuação, à concordância verbal e nominal, à regência verbal e nominal, à coesão e à coerência necessita da compreensão destes conceitos. Podemos observar, pela própria BNCC (2018, p. 82-83), tal exigência quando apresenta os conhecimentos linguísticos desejáveis relacionados à análise linguística que são: fono-ortográfico, morfossintático, sintático, semântico, variações linguísticas e elementos notacionais da língua.

Quadro 7.1: Conteúdos de Língua Portuguesa

Área	Conteúdos
Fono-ortografia	• Conhecer e analisar as relações regulares e irregulares entre fonemas e grafemas na escrita do português do Brasil. • Conhecer e analisar as possibilidades de estruturação da sílaba na escrita do português do Brasil.
Morfossintaxe	• Conhecer as classes de palavras abertas (substantivos, verbos, adjetivos e advérbios) e fechadas (artigos, numerais, preposições, conjunções, pronomes) e analisar suas funções sintático-semânticas nas orações e seu funcionamento (concordância, regência). • Perceber o funcionamento dos traços flexionais (número, gênero, tempo, pessoa etc.) de classes gramaticais em orações (concordância). • Correlacionar as classes de palavras com as funções sintáticas (sujeito, predicado, objeto, modificador etc.).
Sintaxe	• Conhecer e analisar as funções sintáticas (sujeito, predicado, objeto, modificador etc.). • Conhecer e analisar a organização sintática canônica das sentenças do português do Brasil e relacioná-la à organização de períodos mais complexos (por coordenação e subordinação). • Perceber a correlação entre os fenômenos de concordância, regência e retomada (progressão temática – anáfora, catáfora) e a organização sintática das sentenças do português do Brasil.
Semântica	• Conhecer e perceber os efeitos de sentido nos textos decorrentes de fenômenos léxico-semânticos, tais como aumentativo/diminutivo; sinonímia/antonímia; polissemia ou homonímia; figuras de linguagem; modalizações epistêmicas, deônticas, apreciativas; modos e aspectos verbais.
Variação linguística	• Conhecer algumas das variedades linguísticas do português do Brasil e suas diferenças fonológicas, prosódicas, lexicais e sintáticas, avaliando seus efeitos semânticos. • Discutir, no fenômeno da variação linguística, variedades prestigiadas e estigmatizadas e o preconceito linguístico de que as cerca, questionando suas bases de maneira crítica.
Elementos notacionais da escrita	• Conhecer as diferentes funções e perceber os efeitos de sentidos provocados nos textos pelo uso de sinais de pontuação (ponto final, ponto de interrogação, ponto de exclamação, vírgula, ponto e vírgula, dois-pontos) e pontuação e sinalização dos diálogos (dois-pontos, travessão, verbos de dizer). • Conhecer a acentuação gráfica e perceber suas relações com a prosódia. • Utilizar os conhecimentos sobre as regularidades e irregularidades ortográficas do português do Brasil na escrita de textos.

Fonte: Adaptado de https://basenacionalcomum.mec.gov.br/images/BNCC_EI_EF_110518_versaofinal_site.pdf.

Ao dominar os conceitos morfológicos e sintáticos para a análise linguística, o aluno amplia suas possibilidades de uso da língua, promovendo uma escrita mais consciente, crítica e adequada às diferentes situações comunicativas, principalmente a que se refere a variante culta, pois articula o conhecimento gramatical à prática textual de maneira significativa.

7.1 O Papel da Análise Linguística no Ensino da Escrita – uso consciente da língua na produção textual

No contexto da produção textual, o uso consciente da língua significa entender como as escolhas de palavras, frases e estruturas podem influenciar a clareza, a coesão e a coerência de um texto.

A análise linguística, nesse sentido, capacita o aluno a encontrar o equilíbrio entre a norma culta e as variações linguísticas naturais de seu discurso, respeitando as exigências formais de um texto acadêmico ou literário, sem deixar de lado sua voz autoral. Além disso, ao estudar a língua de forma analítica, os estudantes passam a compreender as intenções comunicativas que permeiam a construção de um texto, considerando sempre o público-alvo e o objetivo comunicativo.

Dessa forma, o ensino da análise linguística no processo de escrita não se limita à correção de erros, mas promove a autonomia linguística do aluno, que passa a utilizar a língua de maneira mais reflexiva e estratégica. Uma das estratégias para essa análise pode ser a revisão e reescrita do texto.

7.1.1 Revisão e reescrita como práticas de análise linguística

A revisão e a reescrita são práticas centrais no processo de produção textual e devem ser compreendidas como momentos privilegiados de análise linguística em ação. Ao revisar um texto, o aluno não apenas corrige erros gramaticais ou ortográficos, mas também reflete sobre a eficácia da sua comunicação, considerando aspectos como clareza, coerência, coesão, adequação ao gênero e ao público-alvo. Esse processo envolve uma leitura crítica do próprio texto, em que o autor avalia suas escolhas linguísticas e discursivas, reescrevendo trechos quando necessário para melhorar o conteúdo, a estrutura e o estilo.

Na perspectiva pedagógica, **a revisão e a reescrita devem ser orientadas como estratégias formativas, e não apenas avaliativas.** Isso significa que o professor deve criar condições para que o aluno compreenda que escrever é um processo contínuo, que envolve planejamento, escrita, leitura crítica, reformulação e aprimoramento da revisão como prática a análise linguística contextualizada.

Além disso, essas práticas favorecem o desenvolvimento da autonomia linguística e autoral, pois estimulam o estudante a assumir responsabilidade sobre o que escreve, percebendo-se como sujeito ativo e consciente no uso da língua.

7.1.2 Revisão e reescrita e os aspectos de textualidade

A **textualidade** é o conjunto de características que fazem com que **um conjunto de frases ou enunciados se organize como um texto, ou seja, uma unidade de sentido.** Segundo Ingedore Villaça Koch (2002), textualidade é aquilo que confere ao texto seu caráter de unidade comunicativa, ou seja, o que permite que ele seja interpretado como um todo significativo e não apenas como uma sequência de frases isoladas. Para Koch (2002), os fatores de textualidade são:

a. **coerência** – refere-se à lógica interna e ao sentido geral do texto. Um texto coerente é aquele que apresenta uma sequência de ideias que se relacionam de forma consistente e razoável, sem contradições ou saltos de lógica;

b. **coesão** – se refere à conexão entre as partes do texto. Ela diz respeito ao uso de elementos linguísticos que unem as palavras, orações e parágrafos, criando uma continuidade entre as ideias;
c. **intencionalidade** – refere-se à intenção comunicativa de quem escreve ou fala;
d. **aceitabilidade** – diz respeito à expectativa de que o texto seja compreensível e aceitável para o leitor ou ouvinte;
e. **informatividade** – refere-se ao grau de novidade e relevância das informações apresentadas em um texto;
f. **situacionalidade** – é a relação do texto com o contexto em que é produzido;
g. **intertextualidade** – diz respeito à relação com outros textos já existentes.

As relações de coesão e coerência são fundamentais para garantir que um texto seja bem estruturado, compreensível e flua de maneira lógica. Elas são as ferramentas que permitem que as ideias se conectem de forma harmônica, facilitando a leitura e compreensão do que se deseja comunicar. Embora sejam aspectos distintos, coesão e coerência trabalham juntas para criar textos eficientes.

Os demais aspectos garantem a **função social do texto.** Todo texto é produzido com uma intenção e circula em um determinado meio para atender a uma necessidade social — seja informar, instruir, convencer, entreter, organizar ações ou promover relações. Por isso, compreender a função social de um texto é fundamental para interpretá-lo corretamente, pois isso ajuda o leitor a entender por que o texto foi escrito, para quem e em que situação.

Uma boa estratégia para a revisão da escrita é a **utilização das meta-regras**. As meta-regras de revisão textual são regras sobre regras que orientam e auxiliam o produtor do texto a refletir criticamente sobre o que foi escrito, permitindo-lhe avaliar a clareza, coerência, adequação e correção do texto. Ela não envolve apenas observar a regra em si, mas observá-la diante de um contexto.

Essas regras não se referem apenas a aspectos normativos da língua, mas englobam estratégias metacognitivas que conduzem o autor a pensar sobre o próprio processo de escrita e sobre as escolhas linguísticas realizadas. As meta-regras operam como uma ponte entre a prática de produção textual e o conhecimento linguístico, promovendo uma revisão mais consciente, orientada por critérios discursivos e não apenas por correções pontuais.

Nesse sentido, a estratégia que pode auxiliar nessa análise do próprio texto é a da observação dos **fatores de textualidade**. Veja como cada fator pode ser compreendido como uma regra orientadora da revisão:

a. **coerência** – o texto deve apresentar um encadeamento lógico de ideias. A meta-regra implícita aqui é: ***o texto faz sentido como um todo? As ideias estão bem-organizadas e interligadas?***

b. **coesão** – refere-se aos mecanismos linguísticos que conectam as partes do texto (como pronomes, conjunções, elipses, conjunções, tempos verbais). A meta-regra seria: ***os elementos linguísticos garantem a ligação entre as partes do texto?***

c. **intencionalidade** – diz respeito à intenção comunicativa do autor. Meta-regra: ***o texto cumpre seu propósito? Está claro o que o autor quer comunicar?***
d. **aceitabilidade** – está ligada à expectativa do leitor. Meta-regra: ***o texto respeita as convenções do gênero e atende às expectativas do público-alvo?***
e. **informatividade** – refere-se ao grau de novidade ou previsibilidade do conteúdo. Meta-regra: ***o texto traz informações relevantes e suficientes para o leitor?***
f. **situacionalidade** – diz respeito à adequação do texto ao contexto de produção. Meta-regra: ***o texto está adequado à situação de uso, ao tempo, ao espaço e ao interlocutor?***
g. **intertextualidade** – refere-se à relação do texto com outros textos. Meta-regra: ***há referências claras e adequadas a outros textos ou discursos? As fontes estão bem integradas e citadas corretamente?***

Para auxiliar o trabalho de revisão do texto, você pode criar uma ficha para que os alunos a preencham quando forem avaliar o texto (veja no final do capítulo a sugestão).

7.2 Análise de aspectos linguísticos gramaticais no texto

A análise de aspectos linguísticos no texto é uma prática essencial no ensino de língua portuguesa, pois permite compreender como os recursos da gramática funcionam na construção dos sentidos. Em vez de tratar os conteúdos gramaticais de forma isolada, essa abordagem propõe investigá-los no contexto real de uso da linguagem, especialmente em textos autênticos, valorizando a função que os elementos gramaticais exercem na organização, na coerência e na expressividade do discurso.

Ao analisar elementos como uso dos pronomes, pontuação, concordância, regência e estrutura sintática em situações concretas, os alunos desenvolvem uma percepção mais aguçada da língua como sistema e como instrumento de comunicação.

7.2.1 As áreas da gramática: Fonética, Fonologia, Morfologia, Sintaxe e Semântica

Para se elaborar estratégias consistentes para o ensino de Língua Portuguesa, principalmente no que se refere à análise linguística, faz-se necessário compreender as diferentes dimensões que estruturam a linguagem. Áreas como fonética, fonologia, morfologia, sintaxe e semântica constituem os pilares da gramática e fornecem as bases para analisar, compreender e produzir textos orais e escritos com clareza, coerência e correção.

Cada uma dessas áreas aborda um aspecto específico da língua — desde os sons que compõem as palavras até os sentidos que elas expressam nos diferentes contextos. Vejamos resumidamente cada área:

a. **Fonética** - estuda os **sons da fala de forma física** que envolve lábios, língua, palato e vibração das cordas vocais, ou seja, como os sons são produzidos, transmitidos e percebidos. Analisa os sons de maneira concreta, observando sua realização real, independente da língua.

> Exemplo: Estudar como o som [p] é produzido com os lábios fechados e sem vibração das cordas vocais.

b. **Fonologia** – é o ramo da linguística que estuda os **sons da fala (fonemas)** do ponto de vista funcional, ou seja, como eles se organizam e se combinam para formar palavras em uma determinada língua. Diferente da fonética (que analisa os sons de forma física e articulatória), a fonologia foca na função desses sons dentro do sistema linguístico.

> Exemplo: A diferença entre as palavras *casa* e *capa* depende da troca de fonemas /z/ e /p/, o que altera o significado da palavra.

c. **Morfologia** – trata da estrutura das palavras: seus elementos formadores (radical, afixos, desinências) e como elas se organizam para formar novas palavras ou indicar relações gramaticais (como tempo, número, gênero, modo). Isso ajuda o aluno, por exemplo, a entender por que "menino" e "menininha" têm significados diferentes, ou como o acréscimo de prefixos e sufixos pode alterar o sentido de uma palavra: *feliz → infeliz*, *feliz → felicidade*. A morfologia é responsável pela classificação das palavras em substantivos, adjetivos, pronomes, numeral, artigos, verbos, advérbios, conjunções, preposições e interjeições.

> Exemplo: A palavra *infelizmente* é formada por: prefixo *in-* + radical *feliz* + sufixo *-mente*

d. **Sintaxe** – estuda a organização das palavras nas frases, isto é, as relações entre os termos de uma oração e entre as orações em um período. Trata da estrutura e da função das palavras dentro do enunciado, garantindo a coesão e coerência do discurso.

> Exemplo: Em *O aluno leu o livro*, a palavra *aluno* exerce a função de sujeito e *leu o livro* é o predicado.

e. **Semântica** – é o estudo do sentido e do significado das palavras, frases e textos. Investiga como o significado é construído a partir da escolha lexical, do contexto e da intenção comunicativa. Inclui a análise de sinonímia, antonímia, polissemia, ambiguidade e outros fenômenos semânticos.

> Exemplo: A palavra *banco* pode significar tanto uma instituição financeira quanto um acento, dependendo do contexto.

O ensino da gramática não deve ser apenas normativo, mas deve ser formativo, pois capacita o aluno a usar a linguagem de forma consciente, contextualizada e reflexiva em diversas situações comunicativas. Então vejamos a relação das áreas com o ensino de LP.

7.2.2 A relação entre fonética e fonologia e o ensino de LP

A contribuição da **fonética** e da **fonologia** ao ensino é essencial, pois essas áreas da linguística estão diretamente ligadas à forma como os sons da língua são produzidos, organizados e percebidos. Isso favorece a compreensão da produção e percepção dos sons.

A alfabetização está diretamente relacionada à capacidade de produzir e perceber os sons da língua, uma vez que o processo de aprender a ler e escrever exige que o indivíduo compreenda a correspondência entre fonemas (sons) e grafemas (letras). A consciência fonológica – habilidade de identificar, segmentar e manipular os sons da fala – é uma base essencial para que o aprendiz reconheça, por exemplo, que a palavra "casa" é composta pelos sons /k/, /a/, /z/ e /a/, e que esses sons são representados por letras específicas.

Assim, a percepção auditiva refinada e a produção correta dos sons favorecem a construção do princípio alfabético, facilitando a decodificação e a escrita das palavras, além de contribuir para o desenvolvimento da fluência e da compreensão leitora.

7.2.3 A relação entre a morfologia e o ensino de LP

O conhecimento de **morfologia** é fundamental para a aprendizagem, pois a morfologia trata da estrutura das palavras e dos processos que as formam. Ao entender como as palavras se constroem, possibilita entender as regras e as possibilidades de formação de palavras e assim classificá-las. A seguir estão alguns pontos que explicam a importância desse conhecimento:

a. **compreensão da formação das palavras** – a **morfologia** estuda os **morfemas**, que são as unidades mínimas de significado que compõem as palavras, como **radicais**, **prefixos**, **sufixos** e **desinências**. Ao conhecer como as palavras se estruturam e quais são as partes que as compõem fica mais fácil compreender seus significados. Por exemplo, ao ensinar a palavra **"feliz"**, o professor pode explorar suas variações **"infeliz"** (com a adição do prefixo "in-") e **"felicidade"** (com a adição do sufixo "-idade");

b. **facilidade na compreensão de flexão de gênero, número, tempo e modos** – morfologia também trata da **flexão** de palavras, ou seja, das variações que as palavras sofrem de acordo com gênero, número, tempo, modo. Isso é essencial para o ensino de gramática, pois as palavras se flexionam para se adaptar ao contexto de uma frase. Por exemplo, o verbo "**correr**" pode aparecer nas formas "**corre**" (presente, terceira pessoa do singular), "**corria**" (pretérito imperfeito), ou "**correrei**" (futuro do presente);
c. **aprendizagem da ortografia** – mesmo sabendo que a ortografia é algo que demande memorização em diversos casos, o estudo da morfologia pode ser um forte aliado quando se está tratando de derivação de palavras. Por exemplo, a criança aprende a palavra *casa* e memoriza que o som /z/ da palavra é com S. Então, automaticamente compreende que caSinha ou caSarão serão com S também;
d. **fundamentação para a compreensão das classes de palavras** – as classes de palavras são categorias que agrupam as palavras de acordo com suas características morfológicas e funcionais dentro da língua, como artigos, substantivos, adjetivos, pronomes, numerais, verbos, advérbios, conjunções, preposições e interjeições. Reconhecer a classe de palavras em uma análise linguística pode auxiliar na revisão de diversos tópicos como coesão referencial, coesão sequencial, concordância, regência e pontuação. Por exemplo: no uso das vírgulas, a identificação do verbo na oração vai auxiliar no entendimento de que não se pode separar por vírgula o verbo do sujeito.

7.2.4 A relação entre a sintaxe e o ensino de LP

O conhecimento de sintaxe é essencial porque ela trata das relações entre as palavras nas frases e da organização das sentenças para que a comunicação seja clara, precisa, coesa e coerente. **A sintaxe permite que o aluno aprenda a identificar os elementos fundamentais da oração, como o sujeito, o predicado, os complementos do sujeito e do predicado.** Esse conhecimento auxilia na organização de períodos coesos e coerentes, isso porque a sintaxe possibilita analisar como as frases se relacionam dentro de um texto para que o sentido seja contínuo e lógico porque permitem:

a. **a compreensão da estrutura frasal e das relações hierárquicas entre os constituintes** – sintaxe permite analisar como os termos se organizam em torno do núcleo verbal e nominal, favorecendo a identificação de funções sintáticas (sujeito, objeto direto, predicativo, adjunto adverbial etc.);

b. **o aprimoramento da coesão e coerência textual** – domínio dos mecanismos de subordinação e coordenação contribui para a construção de enunciados coesos, com articulação lógica e progressão temática adequada;

c. **desenvolvimento da competência gramatical e discursiva** – análise sintática não se restringe à descrição formal, mas fornece base para compreender o funcionamento da linguagem nos diversos gêneros textuais, promovendo a adequação linguística à situação de comunicação;

d. **fortalecimento da metacognição linguística** – a reflexão sintática estimula a consciência sobre a estrutura da língua, o que facilita processos de revisão, reescrita e reestruturação textual com vistas à clareza e à eficácia comunicativa;

e. **instrumentalização para a análise linguística crítica** – o conhecimento sintático permite ao estudante observar usos desviantes, variações e fenômenos linguísticos como elipses, topicalização e deslocamentos, ampliando a percepção dos efeitos de sentido gerados pelas escolhas sintáticas;

f. **base para o ensino normativo e para a compreensão da norma culta** – sintaxe fornece fundamentos para o ensino da gramática normativa, necessário em contextos de letramento formal, concursos e redações acadêmicas, sem perder de vista a diversidade linguística;

g. **integração com os demais níveis da gramática** – sintaxe interage diretamente com a morfologia (acordo de número e gênero, flexão verbal) e a semântica (relações de significado), promovendo uma abordagem integrada da língua.

7.2.5 A relação entre a semântica e o ensino de LP

A semântica estuda o significado das palavras, expressões e frases dentro de um contexto linguístico. Vejamos alguns aspectos:

a. **compreensão e interpretação de textos na produção e na leitura** – a semântica permite ao professor explicar como as palavras e expressões adquirem diferentes significados dependendo do contexto em que são usadas. Isso é fundamental para o desenvolvimento da habilidade de leitura e interpretação dos alunos, pois muitas vezes o significado de uma palavra ou expressão não é óbvio à primeira vista, dependendo do contexto. Por exemplo, a palavra "banco" pode significar uma instituição financeira ou um assento, dependendo do contexto em que é utilizada. Outro exemplo: o uso de sinônimos ou de palavras com conotações específicas pode fazer com que o aluno expresse suas ideias de maneira mais assertiva e adequada ao contexto;

b. **desenvolvimento do pensamento crítico** – o estudo da semântica ajuda os alunos a refletirem sobre o significado das palavras e suas implicações, o que contribui para o desenvolvimento do pensamento crítico. Ao compreender que o significado de uma palavra pode ser influenciado pela perspectiva do autor, pela intenção comunicativa ou até mesmo pela cultura que a utiliza, os alunos tornam-se mais aptos a analisar e questionar as ideias que estão sendo apresentadas em textos, discursos e até em interações cotidianas. Por exemplo, discutir o significado de palavras como "liberdade" ou "justiça" pode levar os alunos a refletirem sobre diferentes interpretações desses conceitos em diferentes contextos sociais e históricos.

A análise linguística no ensino de língua portuguesa, como já vimos, vai além da simples identificação de elementos gramaticais; ela se propõe a desenvolver nos estudantes uma consciência crítica sobre os usos da língua em diferentes contextos. Essa abordagem valoriza a reflexão sobre os fenômenos linguísticos e promove o domínio efetivo da linguagem como prática social.

Nesse sentido, **a avaliação assume um papel estratégico no processo de ensino e aprendizagem**, funcionando não apenas como verificação de conteúdos assimilados, mas como instrumento diagnóstico e formativo. Avaliar, nesse contexto, significa **observar o percurso do estudante**, identificar avanços, dificuldades e possibilidades de intervenção pedagógica. Assim, a avaliação torna-se ponto de partida para novos encaminhamentos didáticos, abrindo caminho para o próximo capítulo, que abordará justamente o papel da avaliação como aliada na construção de percursos formativos mais significativos e coerentes com as necessidades dos alunos, como veremos no próximo capítulo.

7.3 Relações de coesão e coerência textual e a gramática

As **relações de coesão e coerência textual** são fundamentais para garantir clareza, organização e sentido aos textos, e a gramática é um dos principais instrumentos que auxiliam nessa construção. Os conhecimentos gramaticais que auxiliam na compreensão da **coesão referencial** e da **coesão sequencial** são fundamentais para garantir a ligação adequada entre as partes do texto, facilitando sua interpretação e fluidez.

A **coesão referencial** depende do uso correto de elementos que retomam ou antecipam termos no texto, como pronomes, advérbios e expressões nominais. Os conhecimentos gramaticais essenciais para essa coesão são:

- **pronomes pessoais, possessivos, demonstrativos e relativos** – entender suas funções e formas é crucial para saber quando e como substituir os termos já mencionados no texto. Como exemplo.: "Maria falou. **Ela** estava cansada."
- **nominalização e substituição lexical** – saber transformar verbos e adjetivos em substantivos ou substituir expressões por sinônimos para evitar repetição e manter a coesão.

A **coesão sequencial** é feita por meio de conectores que estabelecem relações lógicas entre frases e parágrafos. Os conhecimentos gramaticais importantes para essa coesão são:

- **conjunções e locuções conjuntivas** – conhecer o papel e o uso correto das conjunções coordenativas (e, mas, ou, portanto) e subordinativas (porque, embora, quando) para expressar relações de adição, contraste, causa, consequência, condição, entre outras.
- **advérbios e locuções adverbiais** – saber utilizar advérbios que indicam tempo, modo, lugar, intensidade e conexão lógica, como, "entretanto", "portanto", "além disso" para dar continuidade nas ideias.

Já a **coerência**, embora esteja principalmente ligada ao sentido e à lógica das informações, ela depende da correta aplicação dos conhecimentos gramaticais para evitar ambiguidades, contradições e quebras de sentido que prejudiquem a compreensão e garantam que as ideias tenham continuidade temática. Vejamos alguns conhecimentos gramaticais que auxiliam na coerência:

- **concordância nominal e verbal** – garantir que os pronomes concordem em gênero e número com os termos a que se referem evita ambiguidades. Exemplo: "A menina e os meninos chegaram. **Eles** estavam animados."
- **sintaxe das orações coordenadas e subordinadas** – entender como as orações se relacionam estruturalmente auxilia na identificação e uso adequado dos conectores, porque elas são fundamentais para a construção de períodos compostos, que são estruturas linguísticas complexas usadas para expressar ideias com mais precisão, profundidade e lógica.

- **pontuação** – uso correto da vírgula, ponto e vírgula, dois pontos e outros sinais são fundamentais para separar ou ligar orações e estabelecer relações sequenciais e discursivas claras.
- **regência** – o uso incorreto de preposições pode alterar o sentido das frases e gerar interpretações equivocadas. Exemplo: *"Assisti o homem caído no chão" e* "Assisti ao homem caído no chão" possuem significados distintos, já que o verbo "assistir" quando é transitivo direto, sem preposição, significa "dar auxílio, assistência" e o verbo "assistir" quando é transitivo indireto, necessita da preposição, significa "ver".

Assim, entendemos que a gramática não é apenas um conjunto de regras, mas sim um recurso que dá sustentação à produção textual, tornando possível a construção de textos com **clareza**, **organização interna** e **sentido**.

Por fim, compreendemos que a **análise linguística** é fundamental no ensino de Língua Portuguesa, porque ela possibilita ao estudante compreender como a linguagem constrói sentidos, quais são seus mecanismos estruturais e como as variações linguísticas influenciam a comunicação nos diferentes contextos. Por meio dessa análise, os alunos passam a perceber, a relação entre **estrutura e sentido** nos textos (sintaxe e semântica); o uso de **recursos linguísticos e discursivos** que produzem coesão e coerência; as **variações linguísticas** (sociais, regionais, situacionais) e o preconceito linguístico; o impacto das **escolhas lexicais e gramaticais** na adequação ao gênero, propósito e público-alvo.

7.4 Vamos refletir sobre o que estudou?

1 – Leitura e Sistematização:

Releia os trechos do livro em que são abordados os seguintes pontos:

- o papel da análise linguística no ensino da escrita;
- a revisão e reescrita como práticas de análise;
- a relação entre morfologia, sintaxe e semântica;
- a importância da coesão e coerência na construção de sentidos.

Após a leitura, anote os principais conceitos e ideias que mais lhe chamaram a atenção.

2 – Reflexão Escrita:

Em um parágrafo, responda:

- Como a análise linguística pode ser trabalhada em sala de aula para além da memorização de regras gramaticais?

Em outro parágrafo, reflita:

- Quais estratégias você já utilizou ou poderia utilizar para tornar a análise linguística significativa e contextualizada na produção textual dos alunos?

3 – Aplicação Prática:

Escolha um gênero textual trabalhado com seus alunos (ex.: crônica, carta do leitor, artigo de opinião).

- A partir desse gênero, elabore **duas perguntas de análise linguística** que poderiam ser propostas aos estudantes, focando em aspectos morfossintáticos e semânticos do texto.

> *(Exemplo: "Qual o efeito de sentido da escolha do tempo verbal na argumentação do autor?" ou "Como o uso dos pronomes influencia a posição do narrador na crônica?")*

7.5 Saiba mais – referências bibliográficas comentadas

Gardelli, Magda M. **Português Instrumental**: como escrever adequadamente um texto na variante culta da língua. RJ: Editora Freitas Bastos, 2023.

O livro "Português Instrumental" aborda a aplicação da língua portuguesa no contexto acadêmico e profissional, com foco em aspectos relacionados à leitura, escrita e compreensão de textos. A autora explora a importância do domínio da língua para o desenvolvimento de habilidades essenciais no ambiente escolar e no mercado de trabalho. O livro propõe uma abordagem voltada para a compreensão e produção de textos de diferentes gêneros, com ênfase na interpretação de textos acadêmicos, científicos e técnicos, que são essenciais para a formação do indivíduo no contexto educacional e profissional.

Koch, Ingedore Villaça. **A coerência textual.** 6. ed. São Paulo: Contexto, 2002.

Ingedore Villaça Koch discute de forma acessível e fundamentada o conceito de coerência como um dos principais fatores da textualidade, demonstrando que a coerência não é uma propriedade fixa do texto, mas sim o resultado da interação entre texto, leitor e contexto. A autora destaca que a coerência está relacionada à construção de sentido e à capacidade de o leitor interpretar os enunciados como partes de um todo significativo. O livro aborda ainda os mecanismos cognitivos e inferenciais envolvidos na compreensão textual, mostrando que a coerência depende tanto de elementos linguísticos quanto do conhecimento prévio do leitor.

Val, Maria da Graça Costa. **Texto e textualidade.** 11. ed. São Paulo: Contexto, 2020.

A autora define o texto como uma ocorrência linguística, falada ou escrita, dotada de unidade sociocomunicativa, semântica e formal. Essa definição destaca que o texto vai além de uma simples sequência de frases, sendo reconhecido como tal quando apresenta coerência e coesão, elementos essenciais para sua textualidade. A textualidade, por sua vez, é caracterizada por sete fatores inter-relacionados: coerência, coesão, intencionalidade, aceitabilidade, situacionalidade, informatividade e intertextualidade. Esses fatores não apenas garantem que um texto seja compreensível, mas também que seja funcional dentro de um contexto comunicativo específico.

Anexo:
Ficha de Revisão Textual – Meta-regras com base na Textualidade

Nome do autor do texto: ______________________

Título do texto: ______________________________

Data da revisão: _____________________________

Coerência – Clareza e sentido geral:

- As ideias estão organizadas em uma sequência lógica?
- O texto apresenta um fio condutor (tema central)?
- Há contradições ou quebras de sentido?

Coesão – Ligação entre frases e parágrafos:

- Os conectores estão usados adequadamente (ex.: "além disso", "portanto")?
- Os pronomes evitam repetições e garantem fluidez?
- Os tempos verbais são consistentes?

Intencionalidade – Clareza dos objetivos:

- O objetivo do texto está claro (informar, convencer, relatar...)?
- O texto cumpre o que promete (título e introdução condizem com o desenvolvimento)?
- Há foco no leitor ou interlocutor?

Aceitabilidade – Adequação às normas e ao gênero:

- O texto segue as convenções do gênero proposto (ex.: carta, artigo, crônica)?
- Está adequado à norma padrão (se necessário)?
- O vocabulário é apropriado para o público-alvo?

Informatividade – Relevância e novidade:

- O texto apresenta dados ou ideias novas?
- As informações são suficientes, sem excessos nem lacunas?
- Há originalidade no modo como o tema é abordado?

Situacionalidade – Contexto e adequação:

- O texto está adequado ao momento e ao meio (ex.: linguagem de rede social vs. linguagem acadêmica)?
- Está de acordo com a situação comunicativa (ex.: resposta a uma solicitação, opinião sobre um tema)?
- Respeita o destinatário/leitor?

Intertextualidade – Relações com outros textos:

- As citações ou referências estão bem integradas ao texto?
- As fontes foram mencionadas corretamente?
- Há consciência do uso de outras vozes no discurso?

Conclusão da revisão:

Sugestões gerais para a reescrita e aprimoramento do texto.

CAPÍTULO 8:

AVALIAÇÃO NO ENSINO DE LÍNGUA PORTUGUESA

Avaliar na educação significa mais do que simplesmente atribuir notas ou classificar o desempenho dos estudantes. É um **processo contínuo, reflexivo e sistemático** que visa compreender como o aluno está aprendendo, quais são suas dificuldades, progressos e necessidades, e como o professor pode intervir pedagogicamente para favorecer a aprendizagem. Além disso, é uma prática que envolve escuta, observação, análise e diálogo, e deve estar comprometida com a aprendizagem significativa, a inclusão e o desenvolvimento integral do estudante.

As avaliações podem ser:

- **diagnóstica:** identificar os conhecimentos prévios e as dificuldades dos alunos;
- **formativa:** acompanhar o processo de aprendizagem, orientando e ajustando as práticas pedagógicas;
- **somativa:** verificar os resultados ao final de um período, com fins de certificação ou promoção.

Cada uma destas avaliações é desenvolvida de acordo com o objetivo pedagógico. Vejamos cada uma delas com relação ao ensino de Língua Portuguesa.

8.1 Importância da avaliação diagnóstica

A avaliação diagnóstica é essencial no ensino em geral, porque permite ao professor conhecer o ponto de partida de seus alunos: o que sabem, o que ainda não compreenderam. Quando tratamos do ensino de Língua Portuguesa, esta avaliação permite compreender quais são as dificuldades que os alunos trazem em relação à leitura, à escrita e ao uso da língua.

Essa avaliação tem um caráter investigativo e orientador e pode ser realizada em diversos momentos do processo pedagógico e não necessariamente apenas no início. Para que seja efetiva, tem de ser periódica e ter muito claro o **objetivo a ser avaliado**, isso porque ela subsidia o planejamento pedagógico, ajudando o docente a selecionar conteúdos, definir metodologias e propor intervenções adequadas às reais necessidades da turma. Por essa razão, é importante que o docente tenha claro qual é o **conteúdo** que deseja avaliar e a **atividade avaliativa** tem de ser **pontual** em relação a isso e não pode ser genérica.

Ao aplicar uma atividade diagnóstica de produção textual, o professor até pode observar se os alunos conseguem organizar as ideias com coerência, empregar adequadamente os tempos verbais, utilizar sinais de pontuação ou manter a coesão no texto. Todavia, para que a avaliação seja eficiente e forneça um dado preciso, deve-se priorizar o conteúdo.

Por exemplo: ao trabalhar o **conteúdo de coesão** no 7º ano, pensando que a aprendizagem no socioconstrutivismo se desenvolve de maneira espiralada, para que o estudante

> estabeleça as relações entre partes do texto, identificando substituições lexicais (de substantivos por sinônimos) ou pronominais (uso de pronomes anafóricos – pessoais, possessivos, demonstrativos), que contribuem para a continuidade do texto. (habilidade – EF07LP12 – BNCC, 2018, s.p)

É recomendável que ele

> reconheça os recursos de coesão referencial: substituições lexicais (de substantivos por sinônimos) ou pronominais (uso de pronomes anafóricos – pessoais, possessivos, demonstrativos) (habilidade – EF07LP13 – BNCC, 2018, s.p).

Para verificar se os estudantes reconhecem os elementos de coesão referencial, a avaliação diagnóstica tem de ser preparada nesse sentido. Por exemplo: em uma avaliação sobre o mecanismo de coesão referencial os critérios de análise para avaliar serão:

- reconhecimento correto de sinônimos e expressões equivalentes (substituições lexicais);
- identificação do referente dos pronomes anafóricos (substituições pronominais).
- capacidade de reescrita coesa evitando repetições desnecessárias;
- clareza na identificação de elementos que mantêm a continuidade textual.

O professor pode elaborar uma **rubrica de correção** da avaliação diagnóstica sobre **coesão referencial** (substituições lexicais e pronominais), com critérios organizados por questão. Cada item pode ser avaliado em **níveis de desempenho**, facilitando a identificação das dificuldades dos alunos e orientando intervenções pedagógicas. Veja o exemplo da rubrica dessa avaliação no final do capítulo.

8.2 Princípios da Avaliação Formativa

A avaliação formativa é um **processo pedagógico contínuo que visa acompanhar e orientar a aprendizagem dos estudantes ao longo do percurso escolar.** Ela não se limita à verificação de acertos e erros, mas busca compreender como o aluno aprende e quais estratégias podem favorecer sua evolução. Segundo Luckesi (2011), a avaliação formativa tem um caráter diagnóstico e mediador, permitindo intervenções que contribuam para o desenvolvimento integral do aluno.

Um dos princípios centrais dessa abordagem é o ***feedback* construtivo**, que, mais do que informar o desempenho, ajuda o aluno a refletir sobre sua produção e a identificar caminhos de aprimoramento. Para que isso aconteça, o professor precisa oferecer devolutivas claras, específicas e orientadas para a superação das dificuldades. Como aponta Perrenoud (1999), a aprendizagem se fortalece quando o aluno compreende os critérios de qualidade e tem oportunidades de revisar seu trabalho a partir de orientações concretas.

A **autoavaliação** também se insere nesse contexto como prática essencial. Ao convidar o estudante a refletir sobre seu próprio processo de aprendizagem, por meio do *feedback*, promove-se a **autonomia e a autorregulação, competências fundamentais para a formação de sujeitos críticos e conscientes.** De acordo com Andrade (2011), a autoavaliação desenvolve a metacognição e contribui para uma postura mais ativa e responsável do aluno diante do conhecimento.

Importante destacar que a avaliação formativa requer do professor uma atitude de observação sensível e constante, além da disposição para ajustar os caminhos didáticos de acordo com as evidências de aprendizagem. Os dados da avaliação formativa podem servir como índices de uma avaliação diagnóstica. Como afirma Hoffmann (2012), avaliar formativamente significa reconhecer que a aprendizagem é um processo em construção, e que o erro pode ser uma oportunidade valiosa para o avanço. Com base nisso, a avaliação deixa de ser um fim em si mesma e passa a ser instrumento de mediação e transformação pedagógica.

8.3 A avaliação somativa

A avaliação somativa ocorre geralmente ao final de um ciclo ou unidade de aprendizagem e **tem caráter cumulativo**

e classificatório. Seu objetivo é verificar se os objetivos propostos foram alcançados. Ela costuma ser utilizada para atribuir notas ou conceitos, servindo como um parâmetro para decisões sobre aprovação, progressão ou certificação.

Embora seja fundamental para atestar o nível de conhecimento alcançado, a avaliação somativa tem como limitação o fato de refletir um momento específico e, muitas vezes, não fornecer informações detalhadas sobre as dificuldades enfrentadas durante o aprendizado. Por isso, muitos educadores defendem que ela seja combinada com a avaliação formativa para garantir um processo mais completo e eficaz de ensino e aprendizagem.

8.4 Critérios e Instrumentos de Avaliação

Avaliar com justiça e coerência exige o uso de critérios claros e previamente definidos. Em Língua Portuguesa, os critérios devem estar alinhados aos objetivos das competências e habilidades propostas no currículo escolar, levando em conta aspectos como compreensão leitora, organização textual, coerência, coesão, adequação à situação comunicativa, uso da norma culta e reflexão sobre a língua.

Os instrumentos de avaliação devem ser variados e pertinentes e devem considerar as áreas da oralidade, leitura, produção de textos, e análise linguística.

Os **instrumentos de avaliação** podem ser classificados em diferentes **tipos**, conforme seus objetivos, formatos e contextos de uso. Podemos compreender a avaliação pela abordagem quantitativa, qualitativa e quantiqualitativa.

- **Avaliação quantitativa** – foca na mensuração numérica dos resultados da aprendizagem. Ela utiliza dados que podem ser expressos em números, como notas, porcentagens, médias e frequências. Essa abordagem busca medir o desempenho do aluno de forma objetiva e padronizada, facilitando comparações e classificações. Por exemplo, uma prova com questões de múltipla escolha que gera uma nota final é uma forma de avaliação quantitativa. Apesar de ser prática para registros e estatísticas, ela pode não captar a complexidade do processo de aprendizagem ou as competências socioemocionais do aluno.

> Exemplo: O professor aplica uma prova com 30 questões objetivas de múltipla escolha sobre interpretação de texto. Cada questão vale 1 ponto, totalizando 30 pontos. Ao final, o aluno recebe uma nota numérica que indica quantas respostas corretas ele obteve, permitindo medir seu domínio dos conteúdos trabalhados.

- **Avaliação qualitativa** – valoriza a análise dos processos de aprendizagem e dos contextos em que ocorrem, focando na descrição e interpretação dos comportamentos, atitudes e produções dos estudantes. Ela busca entender como o aluno aprende, suas dificuldades, progressos e estratégias, sem necessariamente atribuir uma nota numérica. Instrumentos como observações, portfólios, entrevistas e produções escritas são usados para essa abordagem. Por exemplo, um professor que analisa o desenvolvimento da argumentação em textos produzidos ao longo do semestre realiza uma avaliação qualitativa. Essa abordagem permite uma visão mais rica e detalhada do aprendizado.

> Exemplo: Durante uma apresentação oral sobre um tema estudado, o professor observa a clareza da fala, a organização das ideias e a postura do aluno, anotando comentários sobre pontos fortes e aspectos a melhorar. Em vez de uma nota, o aluno recebe um *feedback* detalhado, que pode orientar seu aprimoramento.

- **Avaliação quantiqualitativa** – combina aspectos das abordagens quantitativa e qualitativa, buscando um diagnóstico mais completo da aprendizagem. Ela utiliza dados numéricos para medir o desempenho, mas também considera a interpretação detalhada dos processos e produções dos alunos. Por exemplo, além da nota de uma redação, o professor analisa os pontos fortes e as dificuldades expressas no texto, oferecendo um *feedback* que inclui tanto a avaliação numérica quanto comentários qualitativos. Essa abordagem reconhece a importância da objetividade e da profundidade na compreensão da aprendizagem, promovendo intervenções pedagógicas mais eficazes.

> Exemplo: Após a entrega de uma redação, o professor atribui uma nota baseada em critérios como coesão, argumentação e gramática (quantitativo), e escreve um comentário destacando o que foi bem-feito e o que precisa ser melhorado (qualitativo). O aluno recebe, assim, uma avaliação numérica e um retorno reflexivo que ajuda no seu desenvolvimento.

No ensino de Língua Portuguesa (e em geral na educação), alguns tipos de instrumentos de avaliação são:

- **provas e testes** – são instrumentos escritos ou orais que verificam o conhecimento dos alunos sobre conteúdos específicos. Podem ser quantitativas quando contém questões objetivas (múltipla escolha, verdadeiro ou falso, entre outras) e qualitativa quando contém questões discursivas (respostas abertas);
- **trabalhos e projetos** – são atividades que envolvem pesquisa, produção e aplicação de conhecimentos em situações práticas ou temáticas integradoras. Avaliam habilidades como planejamento, pesquisa, criatividade e autonomia. Esse tipo de instrumento pode ser avaliado quantitativamente ou qualitativamente;
- **portfólios** – é o conjunto organizado de produções do aluno, reunidas ao longo do tempo, que demonstram seu progresso, competências e reflexões. Permite uma avaliação qualitativa e longitudinal do aprendizado;
- **observação sistemática (diário de bordo ou diário de classe)** – consiste no registro contínuo e intencional do comportamento e desempenho do aluno durante as aulas ou atividades. Foca em aspectos qualitativos como participação, atitudes e habilidades sociais. Também permite uma avaliação qualitativa e longitudinal do aprendizado.

Esses tipos podem (e devem) ser combinados, de forma a compor uma avaliação mais justa, diversificada e significativa, que considere tanto os resultados quanto os processos de aprendizagem dos alunos.

8.5 A Autoavaliação e Coavaliação como Práticas Inclusivas

A autoavaliação e a coavaliação têm ganhado cada vez mais destaque como práticas pedagógicas que promovem a inclusão e a autonomia dos estudantes. Ao refletir sobre o próprio desempenho, o aluno desenvolve a metacognição e a consciência de seu processo de aprendizagem, fortalecendo seu papel como protagonista. Já a coavaliação, realizada entre pares, estimula o respeito à diversidade de ideias, o olhar crítico e a responsabilidade coletiva na construção do conhecimento.

Essas práticas também favorecem a equidade ao considerar diferentes tempos, trajetórias e formas de aprender. Mais do que mecanismos de avaliação, são oportunidades de aprendizagem que ajudam a consolidar os conteúdos linguísticos e discursivos de maneira significativa, além de reforçar a importância de reconhecer o próprio percurso, valorizar o esforço e aprender com os colegas, contribuindo para um ambiente mais colaborativo, empático e inclusivo.

Todavia, para que sejam efetivas é importante estarem baseadas em critérios para que não se torne uma avaliação pessoal. A estes critérios damos o nome de rubricas.

8.6 Rubricas e Registros de Acompanhamento

As rubricas avaliativas são instrumentos fundamentais para garantir a transparência e a objetividade no processo de avaliação, porque elas descrevem, em diferentes níveis, os desempenhos esperados dos alunos em uma determinada atividade, permitindo uma análise qualitativa e criteriosa dos avanços.

A rubrica é a forma mais legítima de conduzir uma avaliação ou autoavaliação, porque ela sinaliza o que é esperado pelo avaliador. Digamos que fomos convidados para uma festa, mas no convite não está especificado o traje que devemos usar. Entretanto, ao chegar à festa somos mal avaliados pelos anfitriões por não estarmos com a vestimenta adequada. Como podemos ser avaliados por algo que nem sabíamos?

Frequentemente, nas práticas avaliativas no contexto educacional, observa-se a ausência de explicitação clara dos **critérios, objetivos e expectativas de desempenho** aos estudantes. Essa lacuna compromete a **transparência e a validade do processo avaliativo**, uma vez que os discentes não têm pleno conhecimento dos elementos que norteiam a avaliação e, consequentemente, não conseguem alinhar suas produções aos parâmetros esperados.

Como **resultado**, ocorre um **descompasso entre o desempenho** efetivamente apresentado pelos **alunos** e os **critérios** subjetivamente adotados pelo docente, o que compromete a fidedignidade e a função formativa da avaliação. Esse cenário evidencia a necessidade de práticas avaliativas mais dialógicas, criteriosas e alinhadas a uma abordagem pedagógica centrada na aprendizagem.

Em Língua Portuguesa, uma rubrica pode contemplar aspectos como estrutura do texto, uso da língua, coesão, argumentação, criatividade e adequação ao gênero. Ao final do capítulo temos um modelo de rubrica sobre textualidade. Além disso, os registros sistemáticos de acompanhamento, como fichas individuais, observações em sala e portfólios, são importantes para mapear o percurso de aprendizagem ao longo do tempo. Esses registros ajudam o professor a compreender o que e como o aluno está aprendendo, possibilitando intervenções mais precisas e eficazes.

Por fim, a avaliação, quando concebida como um processo **diagnóstico e formativo**, assume um papel essencial no desenvolvimento da aprendizagem, pois permite identificar avanços, dificuldades e necessidades dos estudantes, orientando intervenções pedagógicas mais eficazes. Para que cumpra essa função de maneira plena, é imprescindível que seja conduzida de forma **legítima e transparente**, com critérios previamente definidos e compartilhados, promovendo a participação ativa dos alunos na compreensão de seus próprios processos de aprendizagem. Assim, a avaliação deixa de ser apenas um instrumento classificatório e passa a ser uma ferramenta pedagógica potente, comprometida com a formação integral e a equidade educacional.

8.7 Vamos refletir sobre o que estudou?

Revise as ideias centrais do capítulo sobre a **avaliação formativa e somativa**, destacando os aspectos da **autoavaliação** e **coavaliação** como práticas inclusivas. Reflita sobre o papel dessas práticas na construção de uma avaliação mais democrática, onde todos os alunos têm voz e participação no processo de aprendizagem.

Análise Pessoal

Com base na leitura, responda às seguintes questões:

- O que você entende por **autoavaliação** e **coavaliação**? Qual é a diferença entre elas e como elas podem contribuir para o processo de ensino-aprendizagem?
- Quais são as vantagens dessas práticas no ensino de Língua Portuguesa, principalmente no que diz respeito à **inclusão** e à **diversidade** dos alunos?

- Em sua prática docente, como você tem implementado ou poderia implementar essas ferramentas de avaliação em sua sala de aula?

Construção de Mapa Mental

Elabore um mapa mental para organizar as suas ideias sobre:

- Os **principais tipos de avaliação** no ensino de Língua Portuguesa (formativa, somativa, diagnóstica);
- **Autoavaliação e coavaliação**: definição, objetivos, exemplos práticos e como elas podem ser implementadas;
- **Instrumentos de avaliação** que você usaria (rubricas, portfólios, observações etc.);
- Como essas práticas podem ajudar **todos os alunos**, incluindo aqueles com **necessidades específicas.**

8.8 Saiba mais – referências bibliográficas comentadas

Andrade, Maria Margarida de. **A autoavaliação da aprendizagem***:* um espaço para a construção da autonomia. São Paulo: Papirus, 2011.

Andrade destaca a autoavaliação como uma prática fundamental para o desenvolvimento da autonomia do estudante, promovendo a reflexão crítica sobre seu próprio processo de aprendizagem. A autora enfatiza que, ao avaliar-se, o aluno torna-se mais consciente de suas dificuldades, progressos e estratégias, fortalecendo sua capacidade de autorregulação e protagonismo. Andrade também discute a importância de um ambiente educacional que favoreça o diálogo, o respeito e a cooperação, elementos essenciais para que a autoavaliação seja efetiva e contribua para uma aprendizagem significativa e transformadora.

Hoffmann, Jussara. **Avaliar para promover:** as setas do caminho. Porto Alegre: Mediação, 2012.

Jussara Hoffmann propõe uma avaliação voltada para o desenvolvimento contínuo do aluno, enfatizando a avaliação formativa como instrumento essencial para promover a aprendizagem. A autora destaca a importância de uma avaliação que oriente e apoie o processo educativo, identificando dificuldades e possibilitando ajustes pedagógicos ao longo do percurso. Hoffmann defende que a avaliação deve ser compreendida como um recurso dinâmico e integrador, que valoriza tanto os aspectos quantitativos quanto qualitativos, e que envolve a participação ativa do estudante, contribuindo para a construção de um ambiente escolar mais inclusivo e eficaz.

Luckesi, Cipriano Carlos. **Avaliação da aprendizagem escolar**: estudos e proposições. São Paulo: Cortez, 2011.

Cipriano Carlos Luckesi apresenta uma reflexão aprofundada sobre o papel da avaliação na educação, defendendo que seu principal objetivo deve ser a promoção da aprendizagem e o desenvolvimento do estudante. Luckesi critica a avaliação tradicional centrada na classificação e seleção, propondo uma avaliação formativa que seja processual, dialógica e voltada para a mediação do ensino-aprendizagem. O autor enfatiza a importância de uma prática avaliativa que considere as particularidades do aluno e que esteja integrada às atividades pedagógicas, favorecendo a autonomia, a crítica e a construção do conhecimento de forma significativa.

Perrenoud, Philippe. **Avaliação:** da excelência à regulação das aprendizagens. Porto Alegre: Artmed, 1999.

Philippe Perrenoud apresenta uma abordagem inovadora da avaliação escolar, deslocando o foco da simples verificação da excelência para a regulação contínua dos processos de aprendizagem. O autor destaca que a avaliação deve funcionar como uma ferramenta para identificar dificuldades, orientar intervenções pedagógicas e promover o desenvolvimento integral do aluno. Perrenoud enfatiza a importância de critérios claros e transparentes, da participação ativa dos estudantes no processo avaliativo e da flexibilidade nas práticas avaliativas, defendendo uma avaliação que favoreça a autonomia e a autorregulação, contribuindo para a construção de uma aprendizagem mais eficaz e democrática.

Anexo:
Exemplo de Rubrica de Avaliação – Avaliação Diagnóstica: Coesão Referencial (7° ano)

Quadro 8.1: Rubrica de Avaliação

Questão	Habilidade Avaliada	Desempenho Esperado
1 – Substituição lexical	Reconhecer substituições lexicais (sinônimos)	**Excelente (2 pts.):** Identifica corretamente "Clara" como referente de "a jovem". **Parcial (1 pt.):** Indica a personagem, mas com imprecisão (ex.: "a menina que gosta de arte"). **Insuficiente (0 pt.):** Não identifica ou responde incorretamente.
2 – Substituição pronominal (pessoal)	Reconhecer referente de pronome pessoal	**Excelente (2 pts.):** Indica corretamente "Clara" como referente de "ela". **Parcial (1 pt):** Menciona a personagem, mas sem clareza. **Insuficiente (0 pt.):** Refere-se à personagem errada ou não responde.
3 – Pronome demonstrativo	Identificar o uso de pronomes demonstrativos	**Excelente (2 pts.):** Marca a alternativa correta (c) – "a amiga de Clara". **Insuficiente (0 pt.):** Marca outra alternativa ou não responde.
4 – Reescrita com coesão	Produzir texto com substituições pronominais adequadas	**Excelente (2 pts.):** Substitui todos os termos repetidos por pronomes adequados (ex.: "Clara observava os quadros e *ela* anotava tudo. *Ela* sabia que *eles* seriam úteis.") **Parcial (1 pt.):** Substitui parcialmente ou usa pronomes inadequados. **Insuficiente (0 pt.):** Mantém repetições ou erra nos pronomes.
5 – Reconhecimento de recursos coesivos	Identificar frases com coesão referencial	**Excelente (2 pts.):** Assinala corretamente as frases 1, 3 e 4. **Parcial (1 pt.):**Acerta parte das respostas (2 de 3). **Insuficiente (0 pt.):** Marca 1 ou nenhuma correta.

Fonte: Elaborado pela autora, 2025.

Pontuação Total: 10 pontos

- **9 a 10 pontos** – *Desempenho excelente:* domínio dos mecanismos de coesão referencial.
- **6 a 8 pontos** – *Desempenho satisfatório:* compreende os mecanismos, mas apresenta pequenas falhas.
- **3 a 5 pontos** – *Desempenho parcial:* reconhece alguns recursos, mas com insegurança ou uso limitado.
- **0 a 2 pontos** – *Desempenho insuficiente:* dificuldades significativas na identificação e uso da coesão referencial.

Exemplo de Rubrica de Avaliação ou autoavaliação – Produção de Texto com Base nos Fatores de Textualidade

Quadro 8.2: Rubrica de Avaliação de Textualidade

Critério (Fatores de Textualidade)	Nível Excelente (4)	Nível Bom (3)	Nível Regular (2)	Nível Inicial (1)
Coerência	As ideias estão bem-organizadas, com lógica clara e fluidez textual.	Há organização geral, com pequenas falhas de lógica.	Há trechos confusos ou contraditórios.	O texto é confuso e sem sequência lógica.
Coesão	Uso variado e adequado de mecanismos coesivos (conectivos, pronomes etc.).	Uso adequado, com pouca repetição.	Uso limitado ou repetitivo de conectivos e pronomes.	Quase inexistente ou mal utilizado, prejudicando a leitura.
Informatividade	O texto apresenta informações novas, relevantes e aprofundadas sobre o tema.	Apresenta informações relevantes, mas sem aprofundamento.	Informações básicas, previsíveis ou superficiais.	Muito pobre em conteúdo, sem relevância ou novidade.
Intencionalidade	A intenção comunicativa é clara e bem desenvolvida durante todo o texto.	A intenção está presente, embora não sustentada em todo o texto.	A intenção aparece de forma vaga ou pouco clara.	Não há clareza quanto ao propósito do texto.
Situacionalidade	O texto está adequado ao contexto, gênero e interlocutor.	Há pequenas inadequações quanto ao gênero ou ao contexto.	A adequação ao gênero ou à situação comunicativa é parcial.	O texto não corresponde ao gênero ou ao contexto proposto.

Intertextualidade (quando aplicável)	Usa referências externas com propósito claro, respeitando os direitos autorais.	Há uso de referências, mas pouco articuladas ao texto.	Há menções externas, mas sem função clara ou mal integradas.	Ausência de referências ou uso inadequado (plágio).
Aceitabilidade (norma padrão)	Uso correto da norma culta, com variedade lexical e estruturas bem elaboradas.	Pequenos desvios, mas sem comprometer a compreensão.	Erros frequentes que dificultam a leitura.	Muitos erros gramaticais e ortográficos que comprometem o sentido.

Fonte: Elaborado pela autora, 2025.

CAPÍTULO 9:

PROPOSTAS DE ESTRATÉGIAS

Diante dos desafios que envolvem a aprendizagem efetiva da língua, é fundamental que o professor disponha de um conjunto variado de estratégias pedagógicas que possibilitem aos alunos interagirem de maneira ativa, significativa e autônoma com os diferentes gêneros e práticas discursivas. Este capítulo apresenta algumas propostas didáticas voltadas para o ensino da Língua Portuguesa, com foco na promoção da oralidade, da leitura, da escrita e da análise linguística.

9.1 Estratégias – Oralidade

Aqui estão algumas estratégias pedagógicas para desenvolver a expressão verbal dos alunos. Estas são propostas que podem ser realizadas nas variadas etapas, por isso não há especificação de ano ou série, apenas algumas sugestões de atividades.

a. **contação e recontação de histórias** – a contação de histórias é uma prática milenar e uma poderosa ferramenta pedagógica no desenvolvimento infantil. Ela consiste em narrar histórias, geralmente de forma oral e envolvente, utilizando diferentes recursos como variações na entonação da voz, gestos, expressões faciais e, às vezes, objetos de apoio (fantoche, livros ilustrados etc.). Ao solicitar que os estudantes recontem a história, faz com que os alunos não sejam apenas ouvintes passivos, mas **sujeitos ativos no processo de construção de sentido e de reinterpretação dos textos orais**, desenvolvendo habilidades como reorganizar informações, compreender estruturas narrativas e **usar a linguagem de forma criativa e expressiva**;

b. **discussões e debates em grupo** – promover discussões e debates sobre temas variados ajuda os alunos a exercitarem a articulação de suas ideias de forma clara e estruturada. Durante esses momentos, os estudantes precisam organizar seu pensamento, respeitar diferentes pontos de vista e responder de maneira coerente, o que fortalece suas habilidades de expressão verbal. Essa estratégia também estimula a escuta ativa e a argumentação lógica;

c. **atividades de leitura em voz alta:** incentivar a leitura em voz alta permite que os alunos pratiquem a fluência verbal, a entonação e a expressividade. Por meio dessa atividade, eles podem aprimorar a pronúncia, a clareza na fala e a capacidade de interpretar textos de maneira eficaz. Além disso, ao ler em voz alta, eles desenvolvem a confiança para se expressar em público;

d. ***feedback* construtivo e autoavaliação:** proporcionar momentos de *feedback* construtivo após apresentações ou atividades de fala permite que os alunos identifiquem pontos fortes e áreas de melhoria em sua expressão verbal. Além disso, incentivar a autoavaliação faz com que os estudantes se tornem mais críticos em relação ao seu próprio desempenho e busquem aprimorar suas habilidades de comunicação ao longo do tempo. Do ponto de vista metodológico, o *feedback* não deve assumir um caráter punitivo ou comparativo, mas sim formativo – ou seja, voltado para o crescimento do aluno, com foco no processo e não apenas no produto.

9.2 Estratégias – Leitura

Vejamos algumas estratégias metodológicas eficazes para trabalhar a leitura em sala de aula. Estas são propostas que podem ser realizadas nas variadas etapas, por isso não há especificação de ano ou série, apenas algumas sugestões de atividades.

a. **leitura compartilhada** – promove a construção coletiva do sentido do texto, pois envolve o professor e os alunos na mesma atividade, permitindo que todos acompanhem e discutam o conteúdo juntos. Esse processo amplia o repertório linguístico dos estudantes ao expor novas palavras e estruturas em um contexto significativo. Além disso, a socialização do conhecimento favorece o engajamento e a segurança dos alunos, especialmente aqueles que têm mais dificuldade, pois eles se sentem apoiados e estimulados a participar ativamente da leitura;

b. **leitura orientada** – desenvolve o pensamento crítico, pois os estudantes são incentivados a analisar, questionar e estabelecer conexões entre as informações. O professor atua como mediador, guiando os alunos na interpretação dos textos e ajudando-os a organizar e refletir sobre as ideias apresentadas;

c. **mapas mentais e esquemas** – facilita a organização e a fixação das informações extraídas da leitura. Ao transformar o conteúdo textual em representações visuais, os alunos conseguem compreender melhor a estrutura do texto, identificar as ideias principais e relacionar conceitos de forma clara e ordenada;

d. **roda de conversa ou debate** – amplia a compreensão do texto ao proporcionar um espaço onde os alunos podem expressar suas interpretações, opiniões e sentimentos sobre o conteúdo lido. Essa troca oral favorece o desenvolvimento da argumentação, a escuta ativa e o respeito pela diversidade de pontos de vista;

e. **leitura dramatizada ou encenação** – torna a leitura mais lúdica e envolvente, ao permitir que os alunos interpretem os personagens e vivenciem as situações narradas. Essa abordagem fortalece a compreensão do texto, pois ajuda a captar emoções, intenções e contextos que podem passar despercebidos em uma leitura silenciosa ou tradicional. Além disso, a dramatização aumenta o engajamento e a motivação dos alunos, tornando o aprendizado mais prazeroso e eficaz.

9.3 Estratégias – Produção de Texto

Vejam estratégias para a produção de texto. Estas são propostas que podem ser realizadas nas variadas etapas, por isso não há especificação de ano ou série, apenas algumas sugestões de atividades.

a. **planejamento coletivo da escrita** – ajuda os alunos a organizar o pensamento, trocar ideias e criar um roteiro ou mapa de conteúdo, o que facilita a escrita e torna o processo menos intimidador;

b. **escrita em etapas** – permite que os alunos avancem de forma organizada, aprimorando o texto em cada fase. A prática da revisão, especialmente com apoio do professor ou colegas, ajuda a identificar erros e melhorar aspectos como coesão, coerência e clareza;

c. **oficinas de escrita** – incentiva o aprimoramento da escrita e o desenvolvimento da autocrítica. Por exemplo: jornais coletivos, coleção de contos, crônicas, poesias etc.;

d. **diário de leitura** – promove a reflexão crítica, o desenvolvimento da escrita pessoal e o hábito da escrita constante, facilitando a conexão entre leitura e produção textual e fortalecendo a autonomia do aluno;
e. **relato de experiência** – aproxima a escrita do contexto real do aluno, tornando o ato de escrever mais significativo e motivador. Também trabalha a descrição detalhada, a sequência lógica e o uso de linguagem adequada para narrar fatos.

9.4 Estratégias – Análise Linguística

O trabalho com a análise linguística deve ocorrer desde os anos iniciais e de forma gradual. Como já dissemos anteriormente, não se trata de decorar conceitos ou regras, mas compreendê-los dentro do contexto de produção e leitura. Seguem algumas estratégias:

a. **análise de textos reais** – permite que os alunos percebam o funcionamento da língua em situações reais de uso, facilitando a compreensão e a aplicação dos conceitos linguísticos.
b. **exercícios de identificação e substituição** – desenvolve a consciência linguística e o domínio da coesão e coerência textual, habilidades essenciais para a produção e interpretação eficazes de textos.
c. **comparação de variações linguísticas** – amplia a visão dos estudantes sobre a diversidade linguística, promovendo o respeito às variações e uma compreensão mais crítica da norma padrão.

d. **produção de metatexto** – fortalece a metalinguagem, ou seja, a capacidade de falar sobre a língua, aumentando a consciência sobre a estrutura e o funcionamento do sistema linguístico, porque o aluno terá de explicar os porquês de suas escolhas linguísticas.

ALGUMAS SUGESTÕES DE PLANOS DE AULA

8º ano – (EF08LP02) Justificar diferenças ou semelhanças no tratamento dado a uma mesma informação veiculada em textos diferentes, consultando sites e serviços de checadores de fatos.

Atividade de Leitura – 8º ano do Ensino Fundamental

Habilidade trabalhada: Justificar diferenças ou semelhanças no tratamento dado a uma mesma informação veiculada em textos diferentes, consultando sites e serviços de checagem de fatos.

Gênero textual: Notícia.

Objetivo: Desenvolver a habilidade de leitura crítica, comparação de fontes e identificação de intencionalidades na construção das notícias.

Etapas da Atividade:

1. **Leitura de duas notícias sobre o mesmo fato.**

   O professor seleciona duas notícias de veículos diferentes que tratam do mesmo acontecimento (ex.: uma decisão judicial, uma medida do governo ou um evento relevante). As notícias devem ter abordagens distintas — por exemplo, uso de termos diferentes, títulos com ênfase em aspectos diversos ou variações na apresentação dos dados.

2. **Análise comparativa em grupos.**

   Os alunos, divididos em grupos, recebem as duas notícias e um roteiro de análise com questões como:

- Qual é o título de cada texto? Há diferenças de tom?
- Quais dados aparecem em um texto e não no outro?
- O que se percebe sobre a opinião ou posicionamento de cada veículo?
- Há omissão ou ênfase em alguma informação?
- Como a linguagem influencia a interpretação do leitor?

3. **Consulta a um site de checagem de fatos (ex.: Agência Lupa, Aos Fatos, Comprova).**

   Os grupos acessam um serviço de checagem e verificam se as informações principais foram confirmadas, desmentidas ou estão em investigação. Os alunos devem anotar o que o site diz sobre a veracidade dos dados.

4. **Socialização e justificativa oral.**

   Cada grupo apresenta suas conclusões, justificando as diferenças encontradas e apontando qual dos textos transmite a informação com mais clareza, imparcialidade ou embasamento.

Reflexão teórico-metodológica

A atividade propõe uma abordagem crítica da leitura de textos jornalísticos, promovendo não apenas a decodificação do conteúdo, mas a análise das estratégias discursivas usadas para informar, influenciar ou persuadir o leitor. Ao comparar notícias diferentes sobre um mesmo fato, os alunos desenvolvem competências de interpretação, argumentação e verificação da informação, essenciais em um contexto de abundância de dados e circulação de notícias falsas. Além disso, o uso de serviços de checagem reforça a autonomia do estudante na busca por fontes confiáveis e amplia sua capacidade de tomar decisões informadas. A atividade também contribui para a formação de leitores críticos e cidadãos conscientes, capazes de navegar no universo midiático com discernimento. Do **ponto de vista metodológico**, a proposta articula leitura, diálogo, pesquisa e oralidade, respeitando o protagonismo do aluno no processo de construção do conhecimento.

3º ano – (EF03LP08) Identificar e diferenciar, em textos, substantivos e verbos e suas funções na oração: agente, ação, objeto da ação.

Aqui, não se trata de memorizar conceitos, mas de conseguir perceber a diferença entre as palavras dentro do texto. Um dos caminhos é se valer dos estudos da morfologia e da semântica. Por exemplo: levar as crianças a refletirem sobre a diferença entre os verbos e os substantivos dentro do contexto da oração.

Objetivo: Ajudar os alunos a identificarem substantivos (nomes de pessoas, animais, objetos) e verbos (ações), reconhecendo *quem faz* a ação e *o que está sendo feito*, de forma lúdica e acessível.

Material necessário:

- Frases curtas em tiras de papel ou no quadro
- Lápis de cor ou canetinhas
- Cartaz com a estrutura: **Quem faz? / O que faz? / Com quem ou com o quê?**

Etapas da atividade:

1. **Apresentação (oral e visual).**
   Escreva no quadro a seguinte frase simples: **"A menina come a maçã."** Pergunte aos alunos:

   - Quem está fazendo alguma coisa? (*A menina*) → **substantivo (agente)**
   - O que ela está fazendo? (*Come*) → **verbo (ação)**
   - O que ela come? (*A maçã*) → **substantivo (objeto da ação)**

2. **Atividade prática.**
   Entregue uma folha com 3 a 5 frases curtas, como:

   - O cachorro correu no quintal.
   - A mãe fez o bolo.
   - O menino leu o livro.
   - A professora escreveu no quadro.

3. **Os alunos devem:**

   - Circular de **azul** quem faz (sujeito – substantivo)
   - Circular de **Vermelho** o que está sendo feito (verbo – ação)
   - Circular de **Verde** com quem ou com o quê é feita a ação (objeto – substantivo)

4. **Montagem de frases com cartões (opcional).**

   Distribua cartões com palavras separadas por cor: sujeitos (azul), verbos (vermelho), objetos (verde). Os alunos, em duplas, devem formar frases corretas e ler para a turma.

Reflexão teórico-metodológica sobre a atividade

Ao focar na identificação de substantivos e verbos, bem como suas funções sintáticas básicas (agente, ação e objeto), ela promove a compreensão da estrutura da oração. **Metodologicamente**, a atividade privilegia o aprendizado ativo e participativo, envolvendo os alunos na manipulação e análise das palavras por meio de recursos visuais (cores, cartões) e a leitura compartilhada. Isso dialoga com teorias construtivistas e sociointeracionistas que valorizam a aprendizagem significativa, na qual o aluno constrói conhecimento com base em suas experiências e na interação com o professor e os colegas. Além disso, a atividade respeita o estágio de desenvolvimento linguístico dos estudantes, evitando uma abordagem excessivamente abstrata e priorizando o uso funcional da língua — reconhecer "quem faz" e "o que faz" em frases concretas. Essa prática contribui para que os alunos percebam a língua como um sistema organizado, o que é essencial para o desenvolvimento da escrita e da leitura.

5º ano - (EF05LP06) Flexionar, adequadamente, na escrita e na oralidade, os verbos em concordância com pronomes pessoais/nomes sujeitos da oração.

Objetivo: Identificar e flexionar corretamente os verbos em concordância com pronomes pessoais e nomes sujeitos dentro de um texto do gênero conto.

Texto para a atividade:

O Mistério da Floresta[18]

Era uma vez um grupo de amigos que adorava explorar a floresta perto da escola. Todos os dias, **eles caminhavam** entre as árvores para descobrir novos segredos. Maria sempre **contava** histórias sobre animais mágicos, e João **observava**

18 Fonte: texto elaborado pela autora.

atentamente cada detalhe do caminho. Nós, os amigos, **gostávamos** muito dessas aventuras. Certa manhã, eu **encontrei** uma pedra brilhante no chão e **mostrei** para todos. Então, todos **começamos** a imaginar o que aquela pedra poderia ser.

Atividades:

Identificação: No texto, sublinhe todos os verbos que aparecem e escreva-os no quadro.

Flexão e concordância: Complete a tabela abaixo com os verbos do texto, indicando o sujeito correspondente e a forma correta do verbo conforme o sujeito.

Quadro 9.1: Atividade do 5º Ano

Sujeito	Verbo no infinitivo	Verbo flexionado no texto	Concorda com o sujeito? (Sim/Não)
eles	caminhar	caminhavam	
Maria	contar	contou	
João	observar	observa	
Nós	gostar	gostávamos	
eu	encontrar	encontrei	

Fonte: Elaborado pela autora, 2025.

Reescrita: Escolha três frases do texto e reescreva-as trocando o sujeito. Flexione o verbo para concordar corretamente com o novo sujeito.

> Exemplo:
>
> Original: *Maria sempre contava histórias.*
>
> Reescrita: *Os amigos sempre contavam histórias.*

Discussão: Converse sobre como o verbo muda conforme quem faz a ação, e como isso é importante para a frase ficar correta e clara.

Reflexão teórico-metodológica sobre a atividade com conto

A atividade proposta alia a análise linguística ao estudo de um gênero textual familiar e motivador para os alunos: o conto. Trabalhar a flexão verbal em um contexto narrativo permite que os estudantes observem a concordância entre sujeito e verbo de forma natural e significativa, pois o texto não é apresentado como uma lista isolada de regras, mas como parte de uma comunicação real e envolvente. **Metodologicamente**, a atividade incentiva a leitura atenta e a reflexão sobre a estrutura das orações, promovendo a identificação dos verbos e seus sujeitos, seguida pela prática de flexão verbal adequada. Essa sequência respeita os processos cognitivos envolvidos na aprendizagem, em que o reconhecimento e a compreensão precedem a aplicação prática. Além disso, ao pedir a reescrita de frases com sujeitos diferentes, a atividade estimula a flexibilidade linguística e a criatividade, importantes para o domínio da norma culta e para a autonomia na produção textual. Essa estratégia está alinhada a abordagens comunicativas e interacionistas que valorizam o uso funcional da língua e o engajamento ativo do aluno.

7º ano – (EF07LP12) Reconhecer recursos de coesão referencial: substituições lexicais (de substantivos por sinônimos) ou pronominais (uso de pronomes anafóricos – pessoais, possessivos, demonstrativos).

Atividade: Coesão na notícia – Quem é quem no texto?

Objetivo: Reconhecer o uso de pronomes e substituições lexicais como mecanismos de coesão referencial em um texto do gênero notícia, observando como eles evitam repetições e mantêm a clareza das informações.

Texto base (notícia adaptada):

Cão salva criança em enchente no interior de Minas

Um cão da raça labrador salvou uma criança durante uma enchente no município de São Joaquim, em Minas Gerais. O menino, de apenas cinco anos, foi arrastado pela correnteza após uma forte chuva. Segundo testemunhas, **o cachorro** correu atrás do garoto e conseguiu puxá-lo para um local seguro.

Após o resgate, **o animal** foi aplaudido por moradores que acompanharam a cena. A família da vítima agradeceu muito **ao herói de quatro patas. Ele** agora é considerado um símbolo de coragem na região.

Etapas da atividade:

1. **Leitura e compreensão:** Leia a notícia com a turma, explicando o contexto e o enredo da situação apresentada.
2. **Identificação dos recursos de coesão referencial:** Os alunos devem grifar ou marcar com cores diferentes no texto:
   - **pronomes** que retomam termos anteriores (ex.: "ele");
   - **expressões equivalentes ou sinônimos** usados para evitar repetição (ex.: "o cachorro" → "o animal", "o herói de quatro patas").

Quadro 9.2: Preenchimento

Palavra/Expressão	A quem/ao que se refere?	Tipo de coesão referencial (pronome ou sinônimo?)
o cachorro	cão da raça labrador	sinônimo
o animal	o cachorro	sinônimo
ao herói de quatro patas	o cachorro	sinônimo
ele	o cachorro	pronome

Fonte: Elaborado pela autora, 2025.

3. **Produção breve:** Peça aos alunos que reescrevam a notícia substituindo as expressões sinônimas por repetições diretas (ex.: repetir "o cão" ou "o cachorro" sempre). Depois, leiam as versões e discutam:
    a. A repetição exagerada torna o texto mais cansativo?
    b. Os recursos de coesão ajudam a tornar a leitura mais agradável?

Discussão/reflexão final:

Explique que os **recursos de coesão referencial** (como pronomes e sinônimos) são essenciais para manter o **encadeamento de ideias** e a **clareza textual** sem tornar o texto repetitivo. Na notícia, isso é ainda mais importante porque o gênero valoriza **clareza, objetividade e fluidez.**

Reflexão teórico-metodológica sobre a atividade de coesão referencial com notícia

A atividade proposta contribui significativamente para o desenvolvimento da competência linguística dos alunos ao trabalhar a coesão referencial dentro de um gênero textual funcional e presente no cotidiano: a notícia. Ao utilizar um texto jornalístico, os alunos têm contato com uma linguagem clara, objetiva e com intencionalidade comunicativa bem definida — o que favorece a compreensão do papel dos pronomes e das substituições lexicais na progressão textual. Pela **ótica metodológica**, a escolha da notícia permite articular leitura, interpretação e análise linguística de maneira integrada e contextualizada, conforme propõe a BNCC. A atividade promove o reconhecimento de elementos coesivos não de forma isolada, mas inseridos em um texto real, o que ajuda os alunos a perceberem como a linguagem se organiza para manter a clareza e evitar repetições desnecessárias. A reflexão prática ao comparar a versão original da notícia com uma reescrita mais repetitiva ainda amplia a consciência linguística dos estudantes, ao mostrar a função dos sinônimos e pronomes na construção de um texto mais fluido. Dessa forma, a atividade contribui tanto para a leitura crítica quanto para a produção escrita mais coesa e eficiente. Essa abordagem respeita os princípios de um ensino de língua contextualizado, significativo e voltado para o uso real da linguagem.

9º ano – (EF89LP16) Analisar a modalização realizada em textos noticiosos e argumentativos, por meio das modalidades apreciativas, viabilizadas por classes e estruturas gramaticais como adjetivos, locuções adjetivas, advérbios, locuções adverbiais, orações adjetivas e adverbiais, orações relativas restritivas e explicativas etc., de maneira a perceber a apreciação ideológica sobre os fatos noticiados ou as posições implícitas ou assumidas.

Essa atividade de análise linguística para o 9º ano, centrada na habilidade de analisar a modalização em textos noticiosos e argumentativos, com foco nas modalidades apreciativas (avaliações, juízos, opiniões) marcadas por estruturas gramaticais como orações adjetivas restritivas e explicativas.

Atividade: Modalização e ponto de vista na notícia

Habilidade específica: Analisar a modalização realizada em textos noticiosos e argumentativos, por meio das modalidades apreciativas, viabilizadas por classes e estruturas gramaticais como **orações adjetivas restritivas e explicativas**, de maneira a perceber a apreciação ideológica sobre os fatos noticiados ou as posições implícitas ou assumidas.

Texto-base[19] (notícia adaptada):

Prefeito sanciona lei que proíbe fogos com estampido na cidade

O prefeito Marcos Almeida, **que tem se destacado por iniciativas em prol do bem-estar animal**, sancionou ontem uma nova lei que proíbe o uso de fogos de artifício com estampido no município. A norma, **que era aguardada por diversos grupos de proteção animal**, visa reduzir o sofrimento de cães, gatos e pessoas com sensibilidade auditiva.

Apesar da resistência de setores ligados ao comércio, **a lei foi considerada um avanço por especialistas em saúde pública**, que apontam os riscos causados por ruídos intensos em populações mais vulneráveis.

Etapas da atividade:

1. **Leitura e interpretação**

   - Leia a notícia com os alunos.

---

19 Fonte: Notícia adaptada. Portal G1. Prefeito de Caraguatatuba sanciona lei que proíbe fogos de artifício com barulho. Disponível em: https://g1.globo.com/sp/vale-do-paraiba-regiao/noticia/2025/08/25/prefeito-de-caraguatatuba-sanciona-lei-que-proibe-fogos-de-artificio-com-barulho.ghtml. Acesso em: 24 set. 2025.

- Faça perguntas para garantir o entendimento do texto:
    a. Qual é o tema da notícia?
    b. O texto é totalmente neutro ou apresenta alguma opinião?

2. Identificação de marcas de modalização

Oriente os alunos a grifarem:

- palavras ou trechos que expressam **avaliação/opinião** (ex.: "se destacou", "aguardada", "foi considerada um avanço");
- **orações adjetivas explicativas** (com vírgula) que inserem uma **valoração** ou **posição subjetiva** sobre o tema (ex.: "**que tem se destacado por iniciativas em prol do bem-estar animal**");
- **orações adjetivas restritivas** (sem vírgula) que podem delimitar ou selecionar informações, influenciando a visão do leitor.

3. Análise guiada com perguntas

- Qual é a imagem que o texto constrói do prefeito?
- A lei é apresentada de forma neutra ou com uma visão positiva?
- As orações adjetivas explicativas (com vírgula) acrescentam qual tipo de informação?
- Como essas estruturas influenciam a forma como o leitor interpreta os fatos?

Quadro 9.3: Análise das orações adjetivas

Trecho da notícia	Tipo de oração adjetiva	Expressa opinião? Qual?
que tem se destacado por iniciativas em prol do bem-estar animal	Explicativa (com vírgula)	Sim. Mostra o prefeito como alguém positivo, atuante.
que era aguardada por diversos grupos de proteção animal	Restritiva (sem vírgula)	Sim. Indica apoio da sociedade, valorizando a lei.
que apontam os riscos causados por ruídos intensos	Restritiva (sem vírgula)	Sim. Justifica a lei com base em autoridade científica.

Fonte: Elaborado pela autora, 2025.**Produção curta**

- Peça aos alunos que reescrevam a notícia retirando as orações adjetivas apreciativas e comparem a diferença no tom. Exemplo:
  - » Original: "O prefeito Marcos Almeida, **que tem se destacado por iniciativas em prol do bem-estar animal**, sancionou..."
  - » Reescrita: "O prefeito Marcos Almeida sancionou..."

Objetivo final

Mostrar aos alunos que **nem todo texto informativo é neutro**, e que estruturas linguísticas como as orações adjetivas **podem expressar juízos de valor** – sendo, portanto, **estratégias de modalização e ideologia textual.**

Reflexão teórico-metodológica sobre a atividade de análise linguística com foco na modalização em textos jornalísticos

A atividade proposta é fundamentada na perspectiva de ensino de língua que articula linguagem e senso crítico, conforme orientações da BNCC, especialmente ao trabalhar a modalização em textos argumentativos e noticiosos. Essa competência permite que o aluno compreenda que a linguagem não é neutra e que, mesmo em textos com aparência objetiva — como as notícias —, há marcas linguísticas que revelam posições ideológicas, julgamentos e intenções do enunciador. Ao focar nas orações adjetivas explicativas e restritivas e nas modalidades apreciativas, a atividade possibilita aos alunos observarem como esses elementos gramaticais são usados para valorizar ou suavizar fatos, influenciar a opinião do leitor e construir sentidos implícitos. A análise das estruturas linguísticas no contexto de gêneros reais — como a notícia — favorece uma abordagem mais significativa e contextualizada, rompendo com o ensino mecânico da gramática normativa. Além disso, a proposta de reescrita do texto sem as orações apreciativas estimula a comparação crítica e o desenvolvimento de uma leitura mais atenta e analítica. Do ponto de vista **metodológico**, a atividade descrita adota uma abordagem que integra o ensino da gramática ao desenvolvimento da leitura crítica, alinhando-se às diretrizes da BNCC ao tratar a linguagem como prática social.

CONSIDERAÇÕES FINAIS

Este livro nasceu do desejo de contribuir com uma prática pedagógica que valorize, de maneira significativa, o ensino da Língua Portuguesa em toda a sua complexidade. Mais do que oferecer técnicas e estratégias, a obra propõe um olhar atento e sensível para aquilo que, de fato, move o ensino: **a linguagem como prática social, e a aprendizagem como um processo vivo, ativo e situado.** Partimos da convicção de que ensinar língua não é apenas repassar conteúdos, mas criar experiências que dialoguem com o mundo dos estudantes, com suas vivências e com a realidade em que estão inseridos.

Ao longo dos capítulos, buscamos entrelaçar saberes diversos, integrando a teoria à prática. A psicologia da aprendizagem ofereceu importantes pistas para compreendermos como os sujeitos aprendem — não de maneira uniforme ou linear, mas por meio de interações, mediações e construções significativas. Refletimos sobre como a aprendizagem da língua precisa se conectar à experiência dos alunos, respeitando seus tempos, suas trajetórias e seus repertórios culturais. A aprendizagem linguística, assim, não pode se reduzir a fórmulas decoradas ou a modelos engessados: ela exige consciência, criticidade e autoria.

Neste cenário, a Base Nacional Comum Curricular (BNCC) emerge como documento norteador e oportunidade de repensar o ensino da língua com foco em práticas sociais reais, gêneros textuais contextualizados e competências comunicativas relevantes. Ao propor o trabalho com os eixos de oralidade, leitura, produção de texto e análise linguística, a BNCC convida os educadores a promoverem um ensino mais integrado, conectado às demandas da sociedade e às necessidades dos estudantes. É com esse espírito que organizamos este livro, buscando coerência entre os fundamentos teóricos e as metodologias propostas.

Na abordagem da oralidade, destacamos a importância de proporcionar ao aluno situações reais de fala, escuta e interação. O ensino da oralidade não pode mais ocupar um espaço marginal no currículo. Ele precisa ser planejado com a mesma intencionalidade dedicada à leitura e à escrita, incentivando debates, apresentações, rodas de conversa e práticas discursivas que desenvolvam a expressividade, a escuta ativa e o respeito à diversidade linguística.

A leitura, por sua vez, foi tratada como um exercício de interpretação do mundo. Propomos reflexões que extrapolam a decodificação, incentivando a análise crítica, identificação de posicionamentos e construção de inferências. A leitura como prática cultural supõe um leitor ativo, capaz de dialogar com os textos, com seus autores e com os múltiplos sentidos que atravessam os discursos. Trabalhar com diferentes suportes, gêneros e linguagens amplia essa experiência e fortalece a formação leitora dos estudantes.

Quando falamos de produção de texto, falamos da construção da autoria. Por isso, defendemos que escrever não é apenas preencher folhas, mas planejar, revisar, reescrever e refletir. O ensino da escrita precisa ser processual, contextualizado e voltado para propósitos comunicativos reais. Ao considerar o público-alvo, o gênero, os recursos linguísticos e os efeitos de sentido, o aluno desenvolve a capacidade de se posicionar no mundo por meio da palavra escrita, com intencionalidade e responsabilidade.

No campo da análise linguística, propusemos uma ruptura com a abordagem normativa isolada. Em seu lugar, adotamos uma perspectiva que valoriza o uso da linguagem em contextos reais, buscando compreender os efeitos de sentido provocados pelas escolhas gramaticais. O estudo da gramática, assim, deixa de ser um fim em si mesmo para se tornar ferramenta de leitura e produção de textos. Ao observar a estrutura das frases, a coerência dos enunciados, os mecanismos de coesão e as variações linguísticas, o estudante aprende a reconhecer e manejar os recursos que dão forma ao discurso.

A avaliação, elemento muitas vezes temido ou mal compreendido, é aqui tratada como aliada do processo pedagógico. Avaliar é acompanhar, escutar, interpretar e orientar. Uma avaliação legítima é aquela que se pauta pela clareza dos critérios, pela coerência com os objetivos de aprendizagem e pela capacidade de promover avanços. Quando bem conduzida, ela transforma-se em diálogo: entre professor e aluno, entre expectativas e conquistas, entre o que se sabe e o que ainda se deseja aprender.

Ao final desta caminhada, reafirmamos nossa crença em uma educação linguística comprometida com a emancipação dos sujeitos. Acreditamos no poder da linguagem para transformar vidas, ampliar horizontes e construir cidadania. Esperamos que este livro possa inspirar educadores a praticar um ensino sensível, crítico, técnico e, sobretudo, humano — capaz de formar leitores atentos, escritores competentes, falantes conscientes e cidadãos capazes de intervir no mundo com ética e responsabilidade.

REFERÊNCIAS BIBLIOGRÁFICAS

ANDRADE, Maria Margarida de. **A autoavaliação da aprendizagem**: um espaço para a construção da autonomia. São Paulo: Papirus, 2011.

ANTUNES, Irandé. **A prática da oralidade na escola**: desafios e possibilidades. São Paulo: Cortez, 2009.

BAGNO, Marcos. **Preconceito linguístico**: o que é, como se faz. São Paulo: Loyola, 1999.

BAKHTIN, Mikhail. **Estética da criação verbal**. Tradução: Paulo Bezerra. 6. ed. São Paulo: WMF Martins Fontes, 2011.

BECHARA, Evanildo. **Moderna gramática portuguesa**. 38. ed. Rio de Janeiro: Nova Fronteira, 2009.

BRASIL. Ministério da Educação. **Base Nacional Comum Curricular**. Brasília, DF: MEC, 2017. Disponível em: http://basenacionalcomum.mec.gov.br/. Acesso em: 27 fev. 2025.

BRONCKART, Jean-Philippe. **Atividades de linguagem, textos e discursos**: por um interacionismo sócio-discursivo. Tradução: Anna Rachel Machado e Patrícia Shwayder de Toledo. São Paulo: EDUC, 1999.

CAGLIARI, Luiz Carlos. **A linguagem oral e sua prática na sala de aula**: reflexões e atividades. São Paulo: Contexto, 2014.

DEHAENE, Stanislas. **Os neurônios da leitura**: como a ciência explica a nossa capacidade de ler. São Paulo: Penso, 2012.

EYSENCK, Michael W.; KEANE, Mark T. **Psicologia cognitiva**: um manual introdutório. Porto Alegre: Artes Médicas, 1990.

FERREIRO, Emília; TEBEROSKY, Ana. **Psicogênese da língua escrita**. Porto Alegre: Artmed, 1985.

FREIRE, Paulo. **A importância do ato de ler**: em três artigos que se complementam. 35. ed. São Paulo: Cortez, 1992.

GARCIA, Othon Moacyr. **Comunicação em prosa moderna**: aprenda a escrever, aprendendo a pensar. 27. ed. Rio de Janeiro: FGV, 2012.

GARDELLI, Magda Mulati. **A prática da autoria no ensino médio**: análise de uma proposta de trabalho com uso das redes sociais virtuais. 2016. Tese (Doutorado em Educação Currículo) – Pontifícia Universidade Católica de São Paulo, São Paulo, 2016.

GARDELLI, Magda Mulati. **Português instrumental**: como escrever adequadamente um texto na variante culta da língua. Rio de Janeiro: Freitas Bastos, 2023.

GERALDI, João Wanderley. **Portos de passagem**. 2. ed. São Paulo: Martins Fontes, 1997.

HOFFMANN, Jussara. **Avaliar para promover**: as setas do caminho. Porto Alegre: Mediação, 2012.

KLEIMAN, Angela B. **Texto e leitor**: aspectos cognitivos da leitura. Campinas: Pontes, 1989.

KLEIMAN, Angela B. **Oficina de leitura**: teoria e prática. Porto Alegre: Artes Médicas, 1993.

KOCH, Ingedore Villaça. **O texto e a construção dos sentidos**. São Paulo: Contexto, 1997.

KOCH, Ingedore Villaça. **A coerência textual**. 6. ed. São Paulo: Contexto, 2002.

KOCH, Ingedore Villaça. **Desvendando os segredos do texto**. São Paulo: Cortez, 2002.

KOCH, Ingedore Villaça; ELIAS, Vanda Maria. **Ler e compreender**: os sentidos do texto. São Paulo: Contexto, 2006.

LUCKESI, Cipriano Carlos. **Avaliação da aprendizagem escolar**: estudos e proposições. São Paulo: Cortez, 2011.

MARCUSCHI, Luiz Antônio. **Da fala para a escrita**: aspectos da linguagem na educação. São Paulo: Ática, 2005.

MARCUSCHI, Luiz Antônio. **Gêneros textuais e leitura**. São Paulo: Parábola Editorial, 2008.

MARCUSCHI, Luiz Antônio. **Leitura como prática cultural**. São Paulo: Parábola Editorial, 2010.

MARCUSCHI, Luiz Antônio. **Produção textual, análise de gêneros e compreensão**. 3. ed. São Paulo: Parábola Editorial, 2008.

PERRENOUD, Philippe. **Avaliação**: da excelência à regulação das aprendizagens. Porto Alegre: Artmed, 1999.

SAUSSURE, Ferdinand de. **Curso de linguística geral**. Organização: Charles Bally e Albert Sechehaye; colaboração: Albert Riedlinger. Tradução: Antônio Chelini, José Paulo Paes e Izidoro Blikstein. 9. ed. São Paulo: Cultrix, 1982.

SKINNER, Burrhus Frederic. **Sobre o behaviorismo**. 15. ed. São Paulo: Cultrix, 2009.

SOARES, Magda. **Letramento**: um tema em três gêneros. Belo Horizonte: Autêntica, 1998.

SOLÉ, Isabel. **Estratégias de leitura**. Porto Alegre: Artmed, 1998.

TAILLE, Yves de La; KOHL, Marta de Oliveira; DANTAS, Heloysa. **Piaget, Vygotsky e Wallon**: teorias psicogenéticas em discussão. São Paulo: Summus, 2019.

VAL, Maria da Graça Costa. **Texto e textualidade**. 11. ed. São Paulo: Contexto, 2020.

VIGOTSKI, Lev Semenovich. **A formação social da mente**. São Paulo: Martins Fontes, 2007.

VIGOTSKI, Lev Semenovich. **Pensamento e linguagem**. São Paulo: Martins Fontes, 1996.

WITTGENSTEIN, Ludwig. **Investigações filosóficas**. Tradução: José Carlos Bruni. São Paulo: Nova Cultural, 1999.